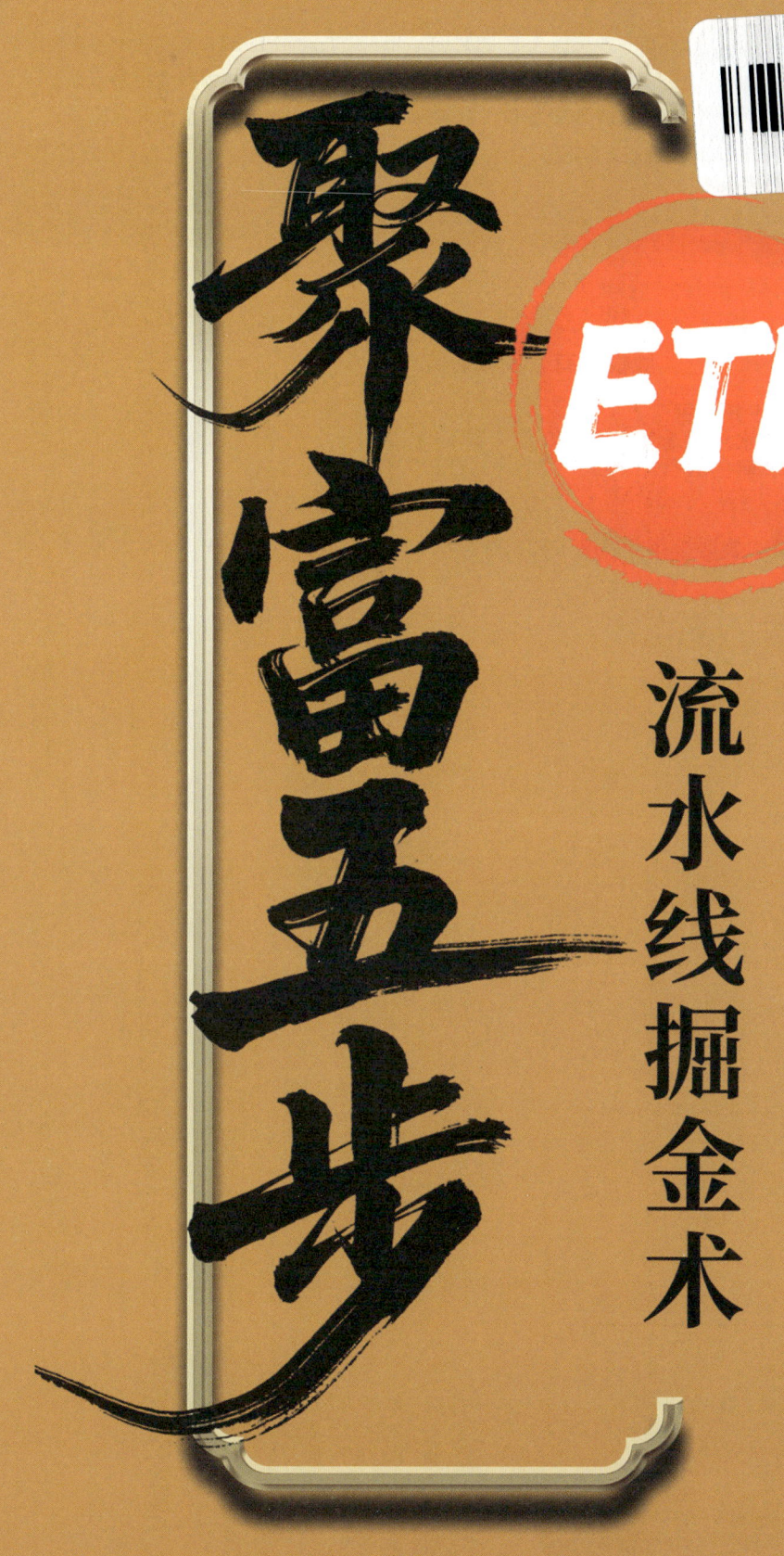

聚富五步 ETF流水线掘金术

树帆投资研究院 编著

中国宇航出版社
·北京·

内 容 提 要

《聚富五步：ETF流水线掘金术》是一本全面介绍ETF（Exchange Traded Fund，交易所交易基金）套利策略的实战指南。本书通过深入浅出的方式，详细阐述了ETF基金的基本概念、特点以及多种套利模型与网格套利策略，旨在为投资者提供一套系统的ETF套利方法论，帮助其在复杂多变的金融市场中捕捉投资机会，实现资产增值。

版权所有　侵权必究

图书在版编目（CIP）数据

聚富五步：ETF流水线掘金术 / 树帆投资研究院编著. -- 北京：中国宇航出版社，2025.7. -- ISBN 978-7-5159-2585-1

Ⅰ. F830.91

中国国家版本馆CIP数据核字第2025DT3856号

责任编辑	谭 颖	封面设计	李海蓝

出　版 发　行	**中国宇航出版社**		
社　址	北京市阜成路8号 （010）68768548	邮　编	100830
		版　次	2025年7月第1版 2025年7月第1次印刷
网　址	www.caphbook.com	规　格	889×1194
经　销	新华书店	开　本	1/16
发行部	（010）68767386　（010）68371900 （010）68767382　（010）88100613（传真）	印　张	3.5
		字　数	50千字
零售店	读者服务部　　　　　（010）68371105	书　号	ISBN 978-7-5159-2585-1
承　印	天津画中画印刷有限公司	定　价	59.00元

本书如有印装质量问题，可与发行部联系调换

《聚富五步：ETF流水线掘金术》编委会

育鸿　彦明　常宏　为为　新升　傅隆

子朝　高恺　李章廷　惠连彰　陆航

前言

在波谲云诡的金融时代，你是否也在寻找一种兼具股票灵活性与债券稳健性的投资工具？当市场波动成为新常态，ETF（Exchange Traded Fund，交易所交易基金）正以惊人的速度重构全球投资版图——它占据全球基金市场40%的份额，日均交易额突破5000亿美元，成为从华尔街到陆家嘴投资精英必备的资产配置武器。

本书将为你开启通往专业投资殿堂的大门，这里没有晦涩难懂的金融术语，只有经过实战验证的财富逻辑。我们精心构建的投资双剑体系，将改变你对传统理财工具的认知。

深入"T+0交易策略"领域，你会发现ETF恰似精通流动性魔法的魔术师。通过日内回转交易的巧妙运用，不仅破解传统基金"T+1"的流动性魔咒，更将市场波动转化为高频收益来源。跟随我们的交易模型，即使大盘处于横盘震荡期，也能创造单日0.5%～1%的现金管理收益。

而"网格套利"章节将彻底改变你对市场趋势的依赖。通过构建智能化价格网格系统，配合ETF的低费率优势，可以成功实现"无惧牛熊"的自动化交易。历史回测显示，这套策略在震荡市中能创造相对稳健的年化收益率，让波动本身成为你的收益源泉。

翻开这本书，你获得的不仅是知识，更是一套完整的ETF投资操作系统。无论是手持5万元试水的新手，还是管理千万资产的专业人士，这里都有适合你的财富进阶方案。让我们共同开启这场认知之旅，在ETF的精彩世界里，找到属于你的财富自由方程式。

目录

PART 01 ETF概要
一、认识ETF ······ 1
二、ETF的特点 ······ 1

PART 02 ETF之T+0
一、认识可T+0交易的ETF ······ 2
二、可T+0交易的ETF类型 ······ 2

PART 03 ETF之T+0套利模型
一、跨境ETF"信息差"套利模型 ······ 3
二、债券ETF"股债跷跷板"套利模型 ······ 12
三、货币ETF"节假日"套利模型 ······ 16
四、商品ETF"全球大事件"套利模型 ······ 19

目录

ETF之网格套利

一、认识网格套利 ———————————————————— 25

二、网格套利的特点 ———————————————————— 25

三、网格套利的适用场景 —————————————————— 26

四、网格套利的核心要素 —————————————————— 26

五、网格套利的执行方式 —————————————————— 27

ETF网格交易演示

一、网格套利之宽基ETF —————————————————— 28

二、网格套利之行业ETF —————————————————— 33

三、网格套利之主题ETF —————————————————— 39

四、结语 ————————————————————————— 45

PART 01 ETF概要

一、认识ETF

ETF基金是一种在证券交易所上市交易的开放式基金，结合了指数基金和股票的特点。ETF基金的主要目标是追踪特定的市场指数，如标普500指数或沪深300指数，投资者通过购买ETF基金，相当于间接投资该指数中的全部成分股。

二、ETF的特点

1. 交易灵活

ETF基金在证券交易所上市交易，投资者可以在交易日的交易时间内随时买入或卖出。部分ETF基金支持T+0交易，当天买入即可当天卖出，这种实时交易的特性，使得投资者能够快速捕捉市场机会，也可以在需要时及时退出。

2. 高透明度

ETF基金采用被动化投资策略，紧密跟踪指数，其权益仓位通常高达95%～100%。由于ETF基金的投资组合是公开的，投资者可以清楚地了解所持ETF投资的证券种类与数量，便于更好地评估投资风险。

3. 低成本

ETF基金的管理费用通常仅为普通开放式基金的三分之一左右，交易成本也低于股票，因为买卖ETF基金不收取印花税。长期投资过程中，这些成本优势可以节省更多支出，提升投资回报。

4. 投资门槛低

ETF基金的交易方式与股票类似，投资者可以像购买股票一样购买ETF基金，最低仅需1手（100份）。这种低门槛设计，使得资产配置与分散投资更易普及，适合广大投资者参与。

PART 02 ETF之T+0

一、认识可T+0交易的ETF

T+0交易，指当天买入当天即可卖出的一种交易方式。

在A股市场中，股票交易通常遵循T+1规则，即当天买入股票需等到第二天才能卖出。而部分ETF基金支持T+0交易，可实现当天买入当天卖出。

二、可T+0交易的ETF类型

1. 跨境ETF

跨境ETF是指以境外资本市场证券构成的境外市场指数为跟踪标的，在国内证券交易所上市的ETF。这类ETF为投资者提供了投资于国际市场的渠道，涵盖港股、美股、欧洲市场等投资标的。

2. 债券ETF

债券ETF结合了债券投资的收益特性与ETF的交易便利性，支持在二级市场进行T+0交易。常见的债券ETF包括利率债ETF、信用债ETF和可转债ETF等。

3. 货币ETF

货币ETF主要投资于流动性良好、风险较低的金融资产，如短期国债、商业票据等。货币ETF的交易成本较低，且允许投资者在当日买入后立即开始计算收益。

4. 商品类ETF

商品类ETF是指投资于黄金、能源、贵金属、农作物等商品的ETF。

PATR 03 ETF之T+0套利模型

一、跨境ETF"信息差"套利模型

（一）套利空间（1% ~ 5%）

普通跨境ETF日内收益区间多集中于1% ~ 5%，尤其是流动性较高的品种。当量化基金集中参与交易时，部分跨境ETF可能出现单日涨幅超5%，甚至连续涨停的情况。例如标普消费ETF，曾出现单日1700%换手率、35%溢价率的交易情形。

（二）套利原理

跨境ETF套利的核心在于利用不同市场（A股、港股、美股等）的信息差，导致的价格差异或时间差，通过T+0交易机制，反复买卖赚取价差；也可结合长期持有策略，赚取海外市场走牛的收益。

（三）套利产品

常见的跨境ETF基金分类及代表产品。

1. 港股市场

（1）恒生科技ETF。

聚焦港股科技板块，覆盖恒生科技指数成分股，流动性较高。

（2）港股互联网ETF。

主要投资港股互联网龙头企业，如腾讯、美团等。

（3）港股通互联网ETF。

通过港股通机制投资港股互联网企业，交易便捷性较强。

（4）港股科技30ETF。

精选港股30家科技类上市公司，分散风险同时捕捉成长机会。

跨境类

代码	名称	代码	名称
159636	港股通科技30ETF	159750	香港科技50ETF
513020	港股科技ETF	513560	香港科技ETF
513860	港股通科技ETF	159751	港股科技ETF
513150	港股通科技50ETF	513980	港股科技50ETF
513160	港股科技30ETF	159747	香港科技ETF
513180	恒生科技指数ETF	159740	恒生科技ETF
513260	恒生科技ETF基金	513130	恒生科技ETF
513890	恒生科技HKETF	513010	恒生科技30ETF
513580	恒生科技ETF华安	159742	恒生科技指数ETF
513380	恒生科技ETF指数	159741	恒生科技ETF基金
513120	港股创新药ETF	159718	港股医药ETF
513700	香港医药ETF	159506	恒生医疗ETF
159776	港股通医药ETF	159892	恒生医药ETF
513200	港股通医药ETF	513060	恒生医疗ETF
513280	恒生生物科技ETF	159615	恒生生物科技ETF
513320	恒生新经济ETF	159822	新经济ETF

跨境类			
代码	名称	代码	名称
513960	港股通消费ETF	159735	港股消费ETF
513230	港股消费ETF	513590	香港消费ETF
513070	港股消费500ETF	159699	恒生消费ETF
513970	恒生消费ETF	513360	教育ETF
159850	恒生国企ETF	159960	恒生中国企业ETF
159954	H股ETF	159823	H股ETF基金
510900	H股ETF	513660	恒生ETF
159920	恒生ETF	513600	恒生指数ETF
513550	港股通50ETF	513900	港股通100ETF
159788	港股通100ETF	159712	港股通50ETF
159711	港股通ETF	513990	港股通ETF
513530	港股通红利ETF	513690	恒生高股息ETF
513950	恒生红利ETF	159691	高股息ETF港股
159726	恒生红利ETF	513140	港股金融ETF
513090	香港证券ETF	513330	恒生互联网ETF
159688	恒生互联网ETF	159792	港股通互联ETF

2. 美股及全球市场

（1）标普500ETF。

追踪美国标普500指数，覆盖美股核心资产，长期收益稳定。

（2）纳指ETF。

聚焦纳斯达克100指数成分股，以科技巨头为主。

（3）中概互联ETF。

投资海外上市的中国互联网企业，如阿里巴巴、拼多多等。

\multicolumn{4}{c	}{跨境类}
代码	名称	代码	名称
513770	港股互联网ETF	159605	中概互联ETF
513040	中概互联网港股ETF	513050	中概互联网ETF
159607	中概互联网ETF	159941	纳指ETF
159509	纳指科技ETF	513100	纳指ETF
513300	纳斯达克ETF	159660	纳指100ETF
159501	纳斯达克指数ETF	159513	纳斯达克100指数ETF
159659	纳斯达克100ETF	513390	纳指100ETF
159632	纳斯达克ETF	513290	纳指生物科技ETF
513110	纳斯达克100ETF	513650	标普500ETF基金
159612	标普500ETF	159655	标普ETF
513500	标普500ETF	159687	亚太低碳ETF
513310	中韩半导体ETF	513880	日经225ETF
159866	日经ETF	513000	日经225ETF易方达
513520	日经ETF	513800	日本东证指数ETF
513030	德国ETF	513220	全球互联ETF
513080	法国CAC40ETF		

（四）套利方案

第一步：筛选ETF。

1. 观察市场变化

工具：同花顺电脑版软件。

通过财联社信息，观察两地市场产生的信息差或突发事件，选择有利好带动的跨境ETF。

如人工智能在美股市场火热，带动美股科技股走强；中国资产价值重估，带动中概互联网或港股互联网走强；A股板块异动带动港股相关ETF上涨，与A股市场形成信息差。

关注同花顺资讯信息
选择适合当前市场的跨境ETF

2. 日换手率大于10%

工具：华泰证券电脑版软件。

选择高波动ETF，这样才有日内套利的空间，而高波动ETF的换手率往往也较大，如恒生科技ETF（513180）、日经ETF（513520）、纳斯达克ETF（513300）等。

聚富五步：ETF流水线掘金术

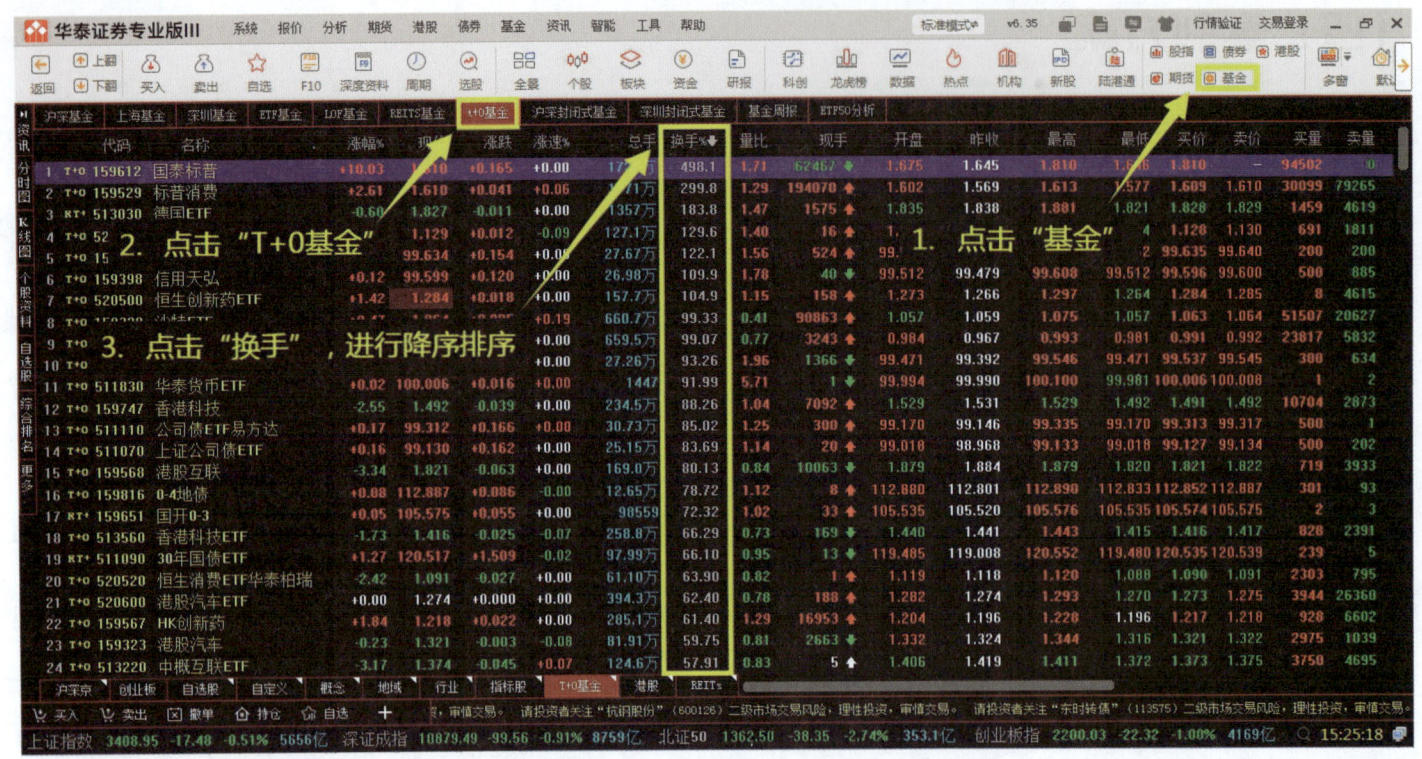

3. 日成交额大于1亿元

工具：华泰证券电脑版软件。

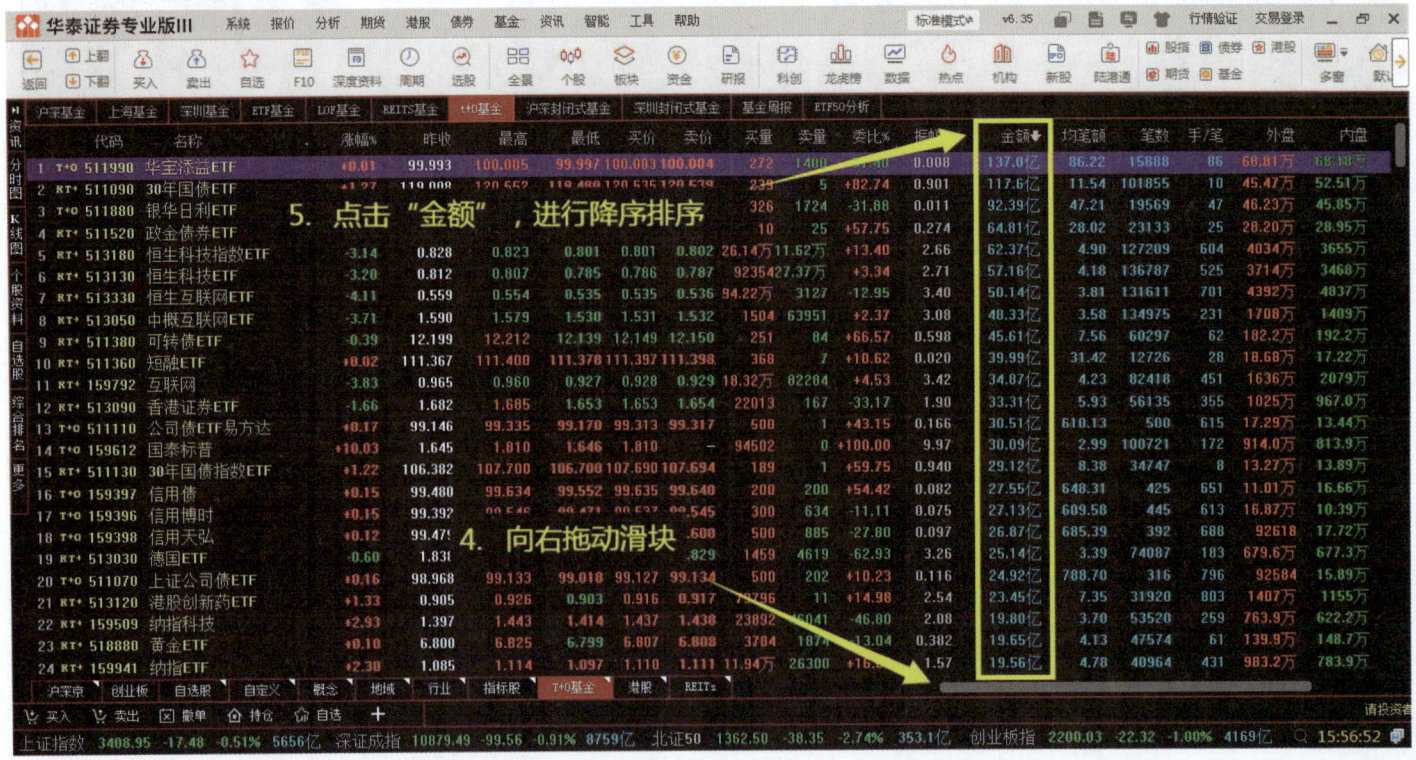

4. ETF价格大于20日均线

工具：华泰证券电脑版软件。

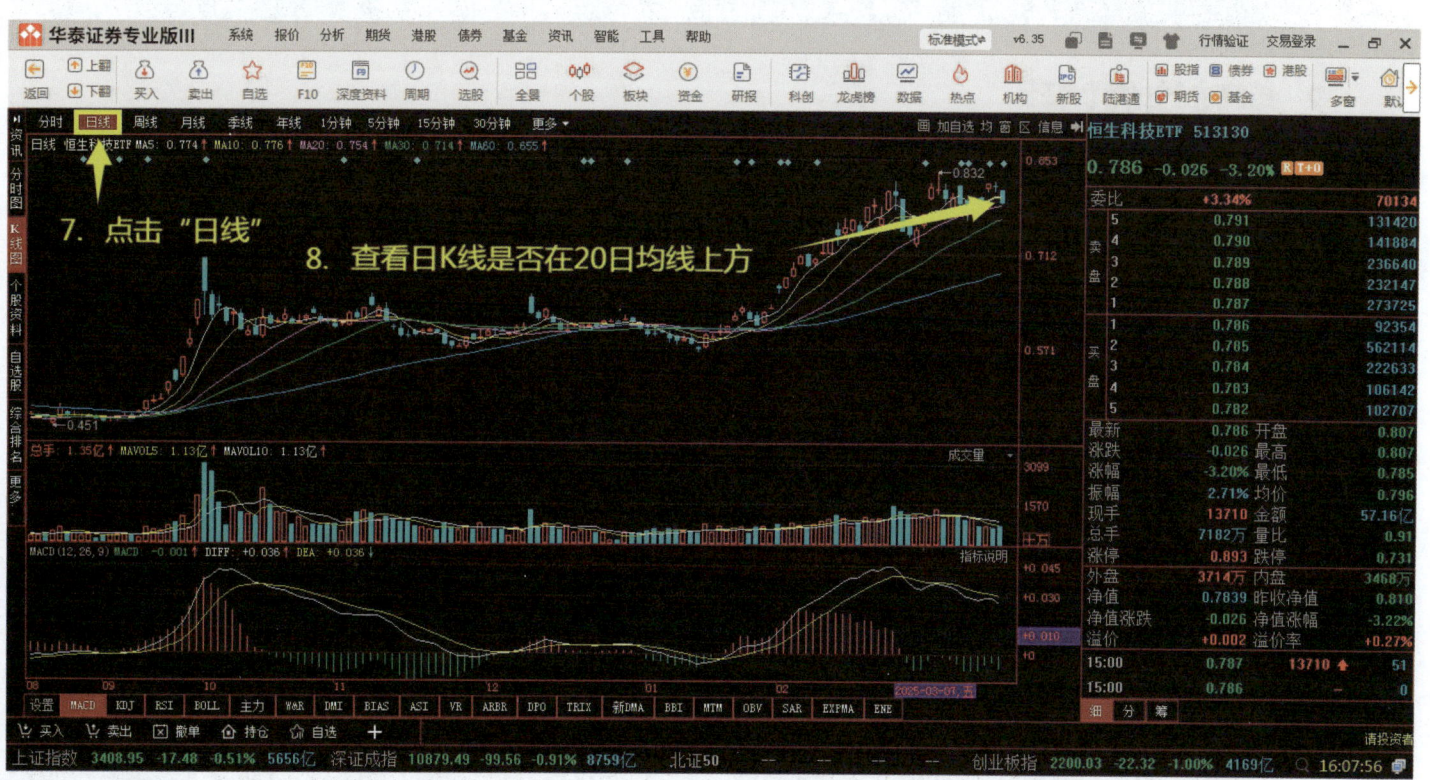

聚富五步：ETF流水线掘金术

第二步：买入跨境ETF。

1. 回踩均线不破

工具：华泰证券电脑版软件、证券账户。

在上涨趋势中，跨境ETF价格回调至分时均线附近未跌破，且伴随缩量，可视为买入信号。

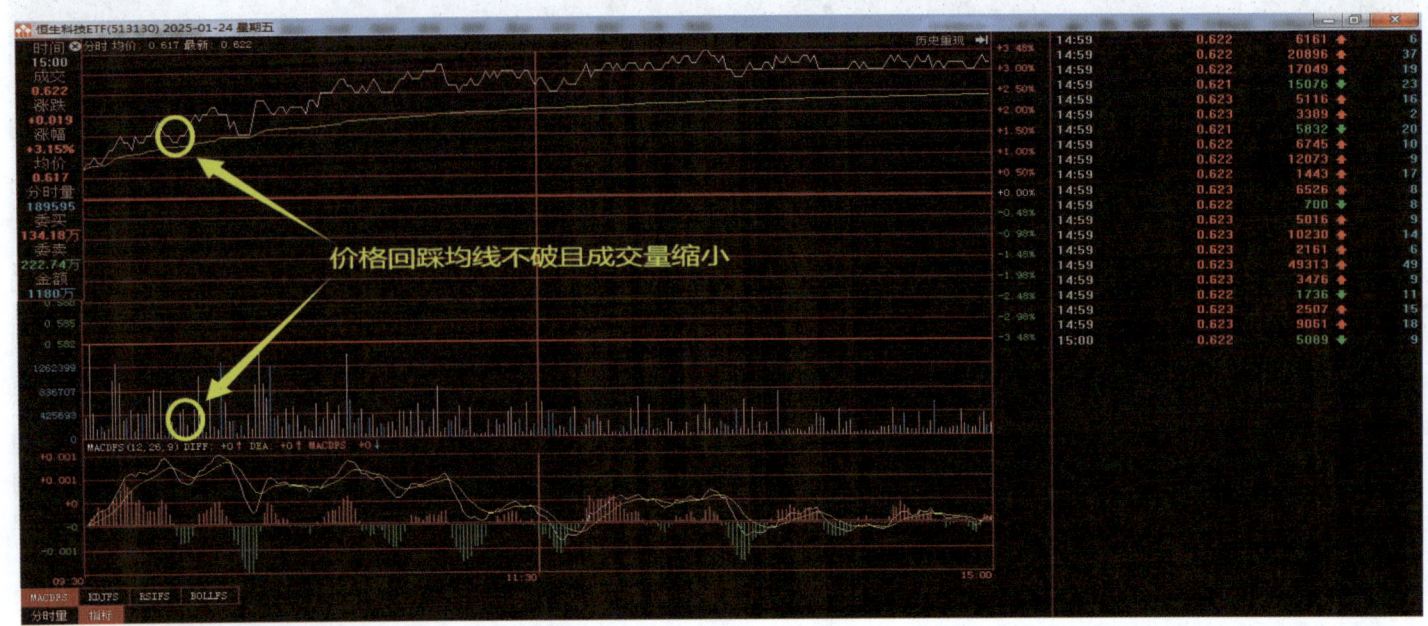

2. 突破均线站稳

工具：华泰证券电脑版软件、证券账户。

价格从均线下方放量突破并企稳，确认趋势反转后入场。

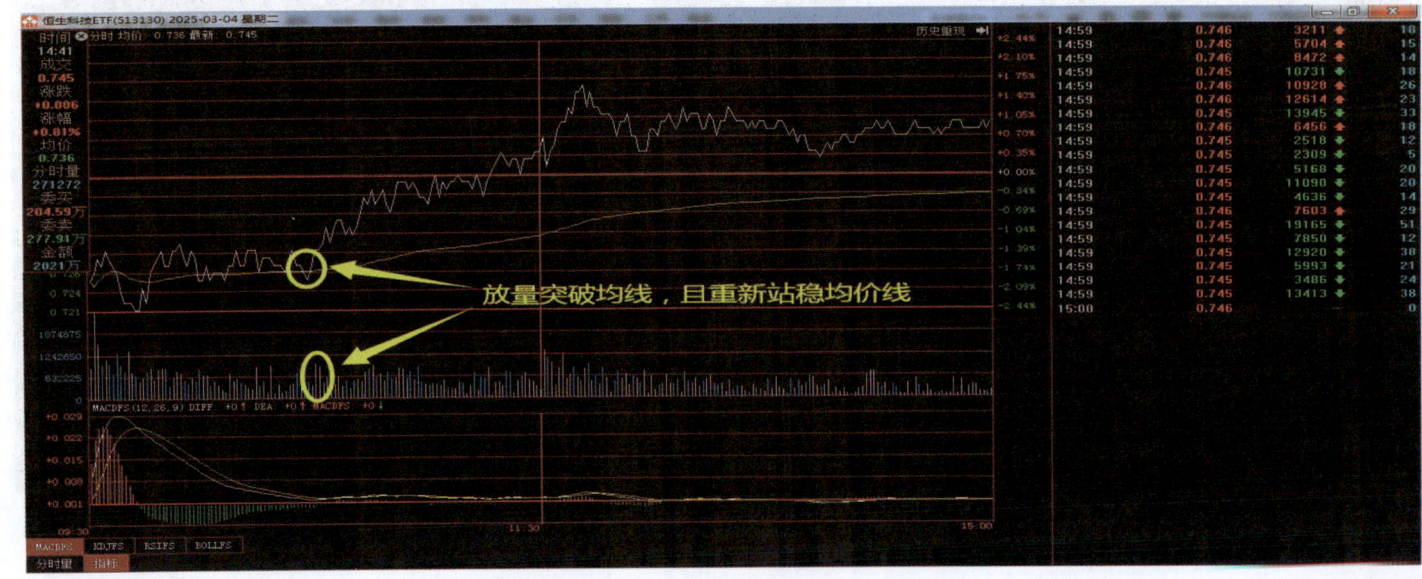

第三步：卖出跨境ETF。

1. 日内收益达2%以上时止盈卖出

工具：华泰证券电脑版软件、证券账户。

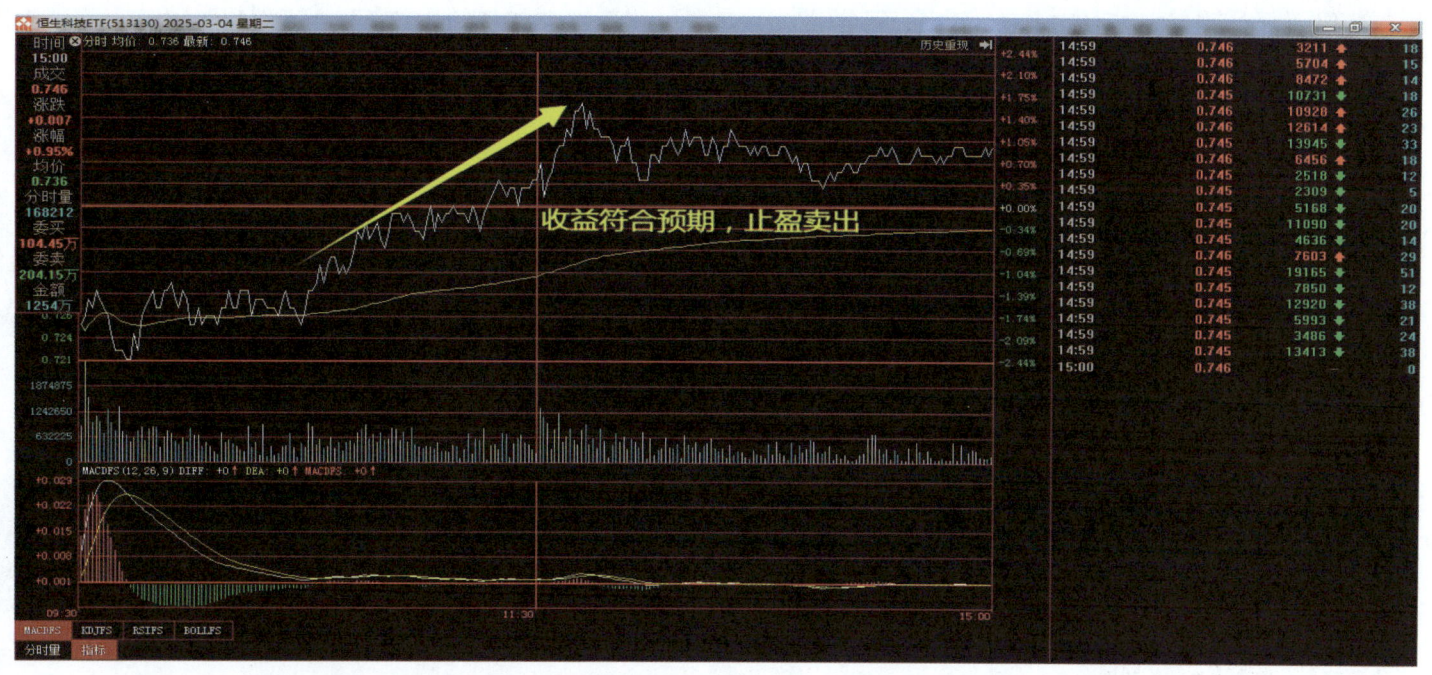

2. 价格跌破20日均线时卖出

工具：华泰证券电脑版软件、证券账户。

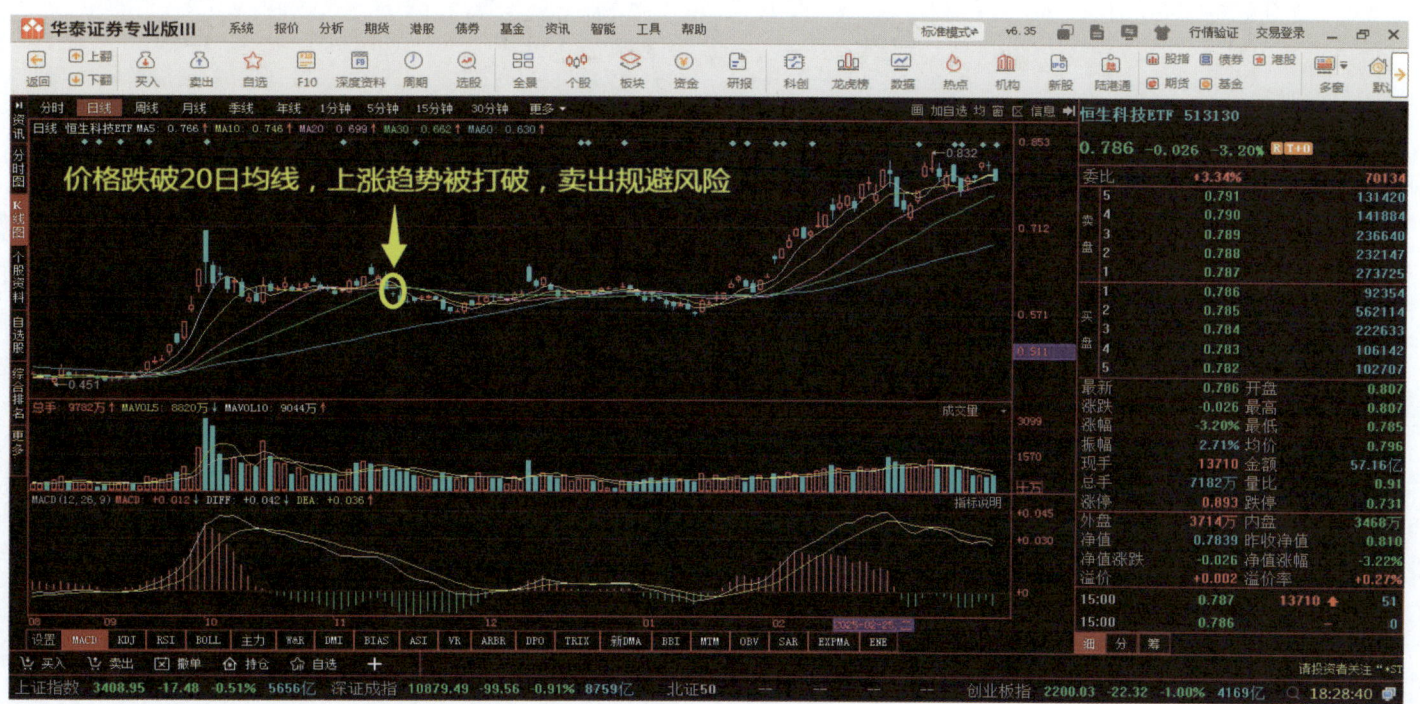

二、债券ETF"股债跷跷板"套利模型

（一）套利空间（年化5.5%~6.75%）

债券的整体波动较小，结合历史数据来看，债券ETF套利空间的年化收益率大致在5.5%至6.75%之间。

（二）套利原理

根据股市和债市之间常呈现出此消彼长的反向关系，即当股市上涨时，资金往往会从债市流向股市，导致债市承压下跌；反之，当股市下跌时，资金则会从股市转向债市，推动债市走强。我们可利用"股债跷跷板"效应，在股市走弱时买入债券，获得更稳定的收益。

（三）套利产品

常见的债券ETF基金有国债ETF、城投债ETF、政金债券ETF等。

债券类			
代码	名称	代码	名称
511010	国债ETF	511260	十年国债ETF
511020	活跃国债ETF	511360	短融ETF
511090	30年国债ETF	511520	政金债券ETF
511220	城投债ETF	511580	政金债5年ETF
511030	公司债ETF	511060	5年地方债ETF
159816	0-4地债ETF	511270	10年地方债ETF
159972	5年地债ETF	511380	可转债ETF
511180	上证可转债ETF		

（四）套利方案

第一步：筛选债券ETF。

工具：同花顺电脑版软件、华泰证券电脑版软件。

选择中长期债券，如国债ETF、城投债ETF、政金债券ETF等。

第二步：买入债券ETF。

1. 利率下降预期出现

工具：同花顺电脑版软件、证券账户。

央行降息或市场预期利率下行时，债券价格通常上涨，可优先配置中长期债券ETF，以获得债券价格上涨收益。

聚富五步：ETF流水线掘金术

关注同花顺资讯利率下降信息
选择时机买入债券ETF

2. 经济衰退或放缓期

工具：同花顺电脑版软件、证券账户。

经济衰退或放缓时，股票市场开始下跌，资金倾向于流入债市避险，此时可配置债券ETF，获取债券价格上涨收益。

关注同花顺资讯经济衰退信息
选择时机买入债券ETF

14 / PAGE

第三步：卖出债券ETF。

1. 利率上升预期出现

工具：同花顺电脑版软件、证券账户。

债券价格与市场利率呈反向关系，若预期市场利率将进入上升周期（如经济复苏期或通胀压力显现），债券ETF价格可能承压下跌，此时应考虑减持或卖出。

2. 经济复苏或扩张期

工具：同花顺电脑版软件、证券账户。

在经济复苏及扩张期，股票等风险资产表现通常优于债券，资金可能从债市流向股市，此时可减少债券ETF持仓。

聚富五步：ETF流水线掘金术

三、货币ETF"节假日"套利模型

（一）套利空间（0.1%～0.3%）

货币ETF在节假日期间的套利收益与节假日期间的利息收益相等，通常日内收益在0.1%～0.3%之间，但部分成交额较低的货币基金偶尔也会在节假日前出现5%左右的涨幅，甚至涨停的情况。如2025年1月24日，国寿货币ETF、添利货币ETF均在当天出现涨停，此时正好临近春节假期。

（二）套利原理

在临近节假日时，大量资金会从股市撤出，涌入场内货币基金，博取假期的利息收益。导致货币ETF价格飞升，假期结束后，价格又会快速回落下来。利用资金的这个流动规律，可在临近放假前买入，并于放假前最后一个交易日卖出，获取价差收益。

（三）套利产品

常见的货币ETF基金有银华日利ETF、华宝添益ETF、货币ETF建信添益等。

\multicolumn{4}{c	}{货币类}
代码	名称	代码	名称
511670	华泰天天金ETF	511810	理财金货币ETF
511800	易方达货币ETF	511950	添利货币ETF
511860	保证金货币ETF	159003	招商快线ETF
511850	财富宝ETF	159005	汇添富快钱ETF
511830	华泰货币ETF	159001	货币ETF
511820	鹏华添利ETF	511880	银华日利ETF
511960	嘉实快线ETF	511980	现金添富ETF
511910	融通货币ETF	511930	中融日盈货币ETF
511900	富国货币ETF	511920	广发货币ETF
511970	国寿货币ETF	511650	华夏快线ETF
511600	货币ETF	511700	场内货币ETF
511660	货币ETF建信添益	511620	货币基金ETF
511990	华宝添益ETF	511690	交易货币ETF
511770	金鹰增益货币ETF		

聚富五步：ETF流水线掘金术

（四）套利方案

第一步：筛选货币ETF。

工具：华泰证券电脑版软件。

选择日成交额在1亿元以上的货币基金，如银华日利ETF、华宝添益ETF、货币ETF建信添益等。

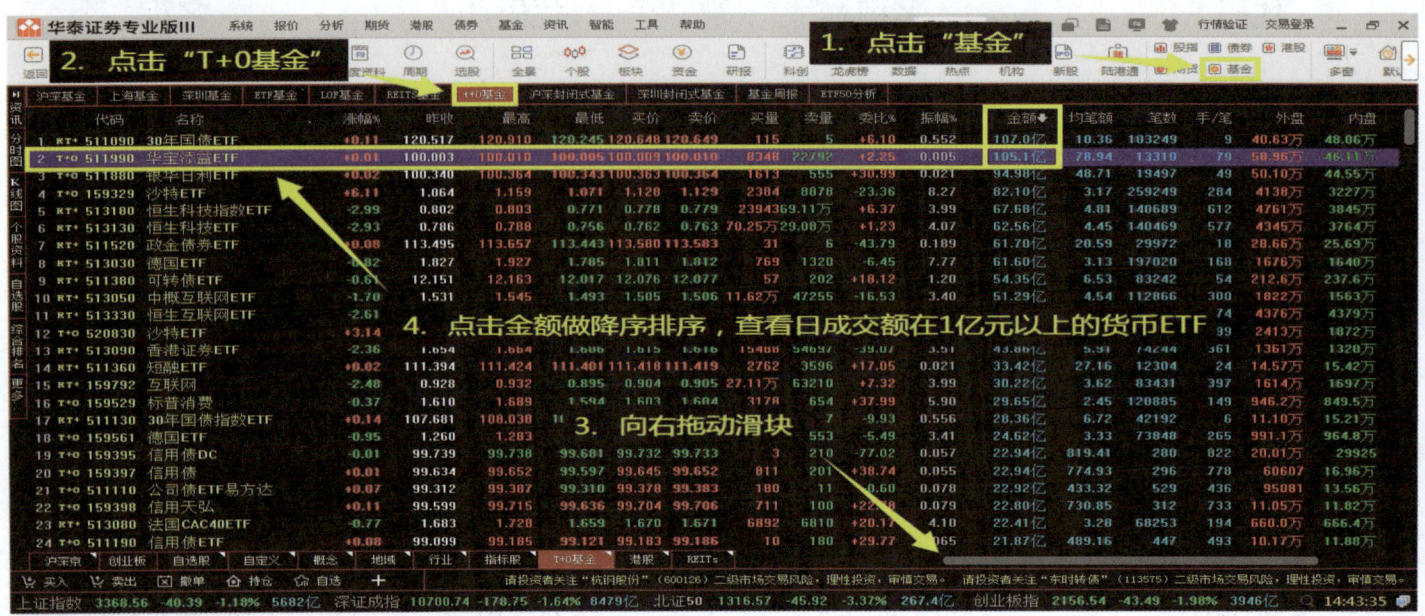

第二步：买入货币ETF。

工具：华泰证券电脑版软件、证券账户。

在放假前两天，货币ETF出现下跌时买入。

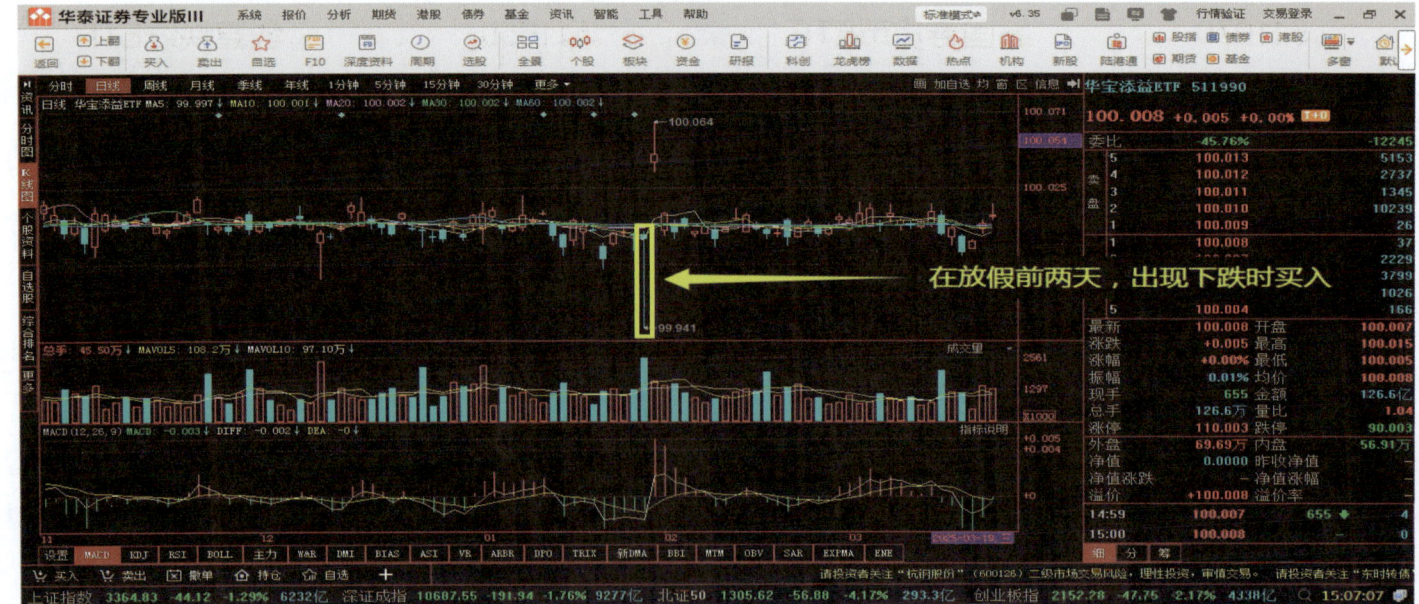

18 / PAGE

第三步：卖出货币ETF。

工具：华泰证券电脑版软件、证券账户。

在放假前一天，货币ETF出现上涨时卖出。

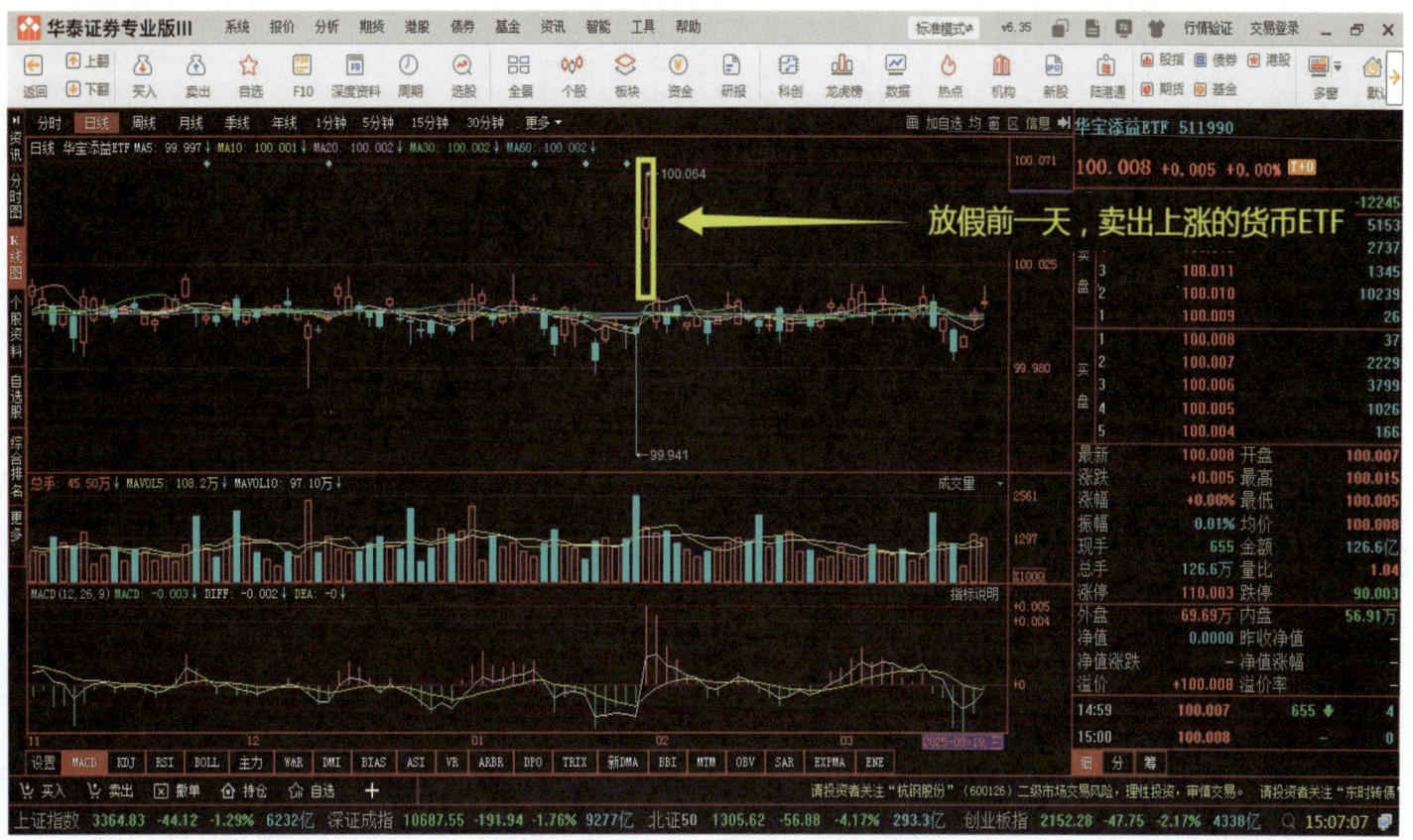

四、商品ETF"全球大事件"套利模型

（一）套利空间（50%以上）

大宗商品的现货价格出现翻倍上涨，往往是发生了影响全球经济运行的大事件，反馈到商品ETF上通常有50%以上的涨幅。

（二）套利原理

世界上每天都会发生各类事件，若该事件已经大到影响全球经济的正常运行，那么这个事件就可以称为"全球大事件"。以俄乌冲突为例，冲突发生后，迅速冲击全球的地缘政治格局，导致能源、黄金等大宗商品类的价格大幅上涨，此时可买入能源ETF、黄金ETF，博取相关商品ETF的价格上涨收益。

（三）套利产品

常见的商品ETF基金有黄金ETF、能源化工ETF、有色ETF等。

\multicolumn{4}{c	}{商品类}
代码	名称	代码	名称
518860	黄金ETFAU	159937	黄金ETF基金
518660	黄金ETF基金	518880	黄金ETF
159934	黄金ETF	518850	黄金ETF9999
518800	黄金基金ETF	159812	黄金基金ETF
518680	金ETF	159834	金ETF
518600	上海金ETF	159831	上海金ETF基金
159830	上海金ETF	518890	中银上海金ETF
159980	有色ETF	159981	能源化工ETF
159985	豆粕ETF		

（四）套利方案

第一步：筛选商品ETF。

工具：华泰证券电脑版软件。

选择成交金额最大的各商品类ETF，如黄金ETF，就选成交金额最大的518880黄金ETF。

第二步：买入商品ETF。

工具：同花顺电脑版软件、证券账户。

出现影响全球经济的大事件且商品期货价格大涨。

21 / PAGE

聚富五步：ETF流水线掘金术

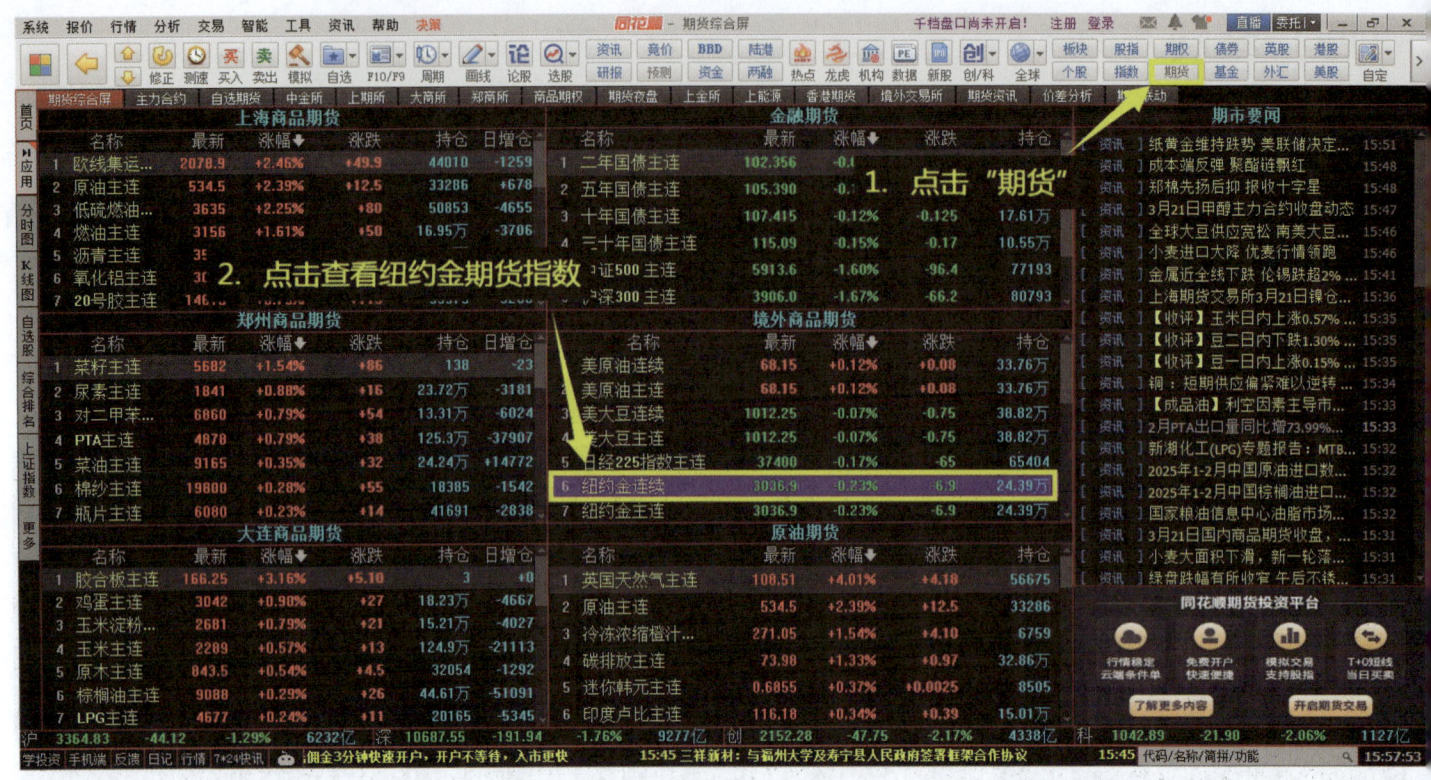

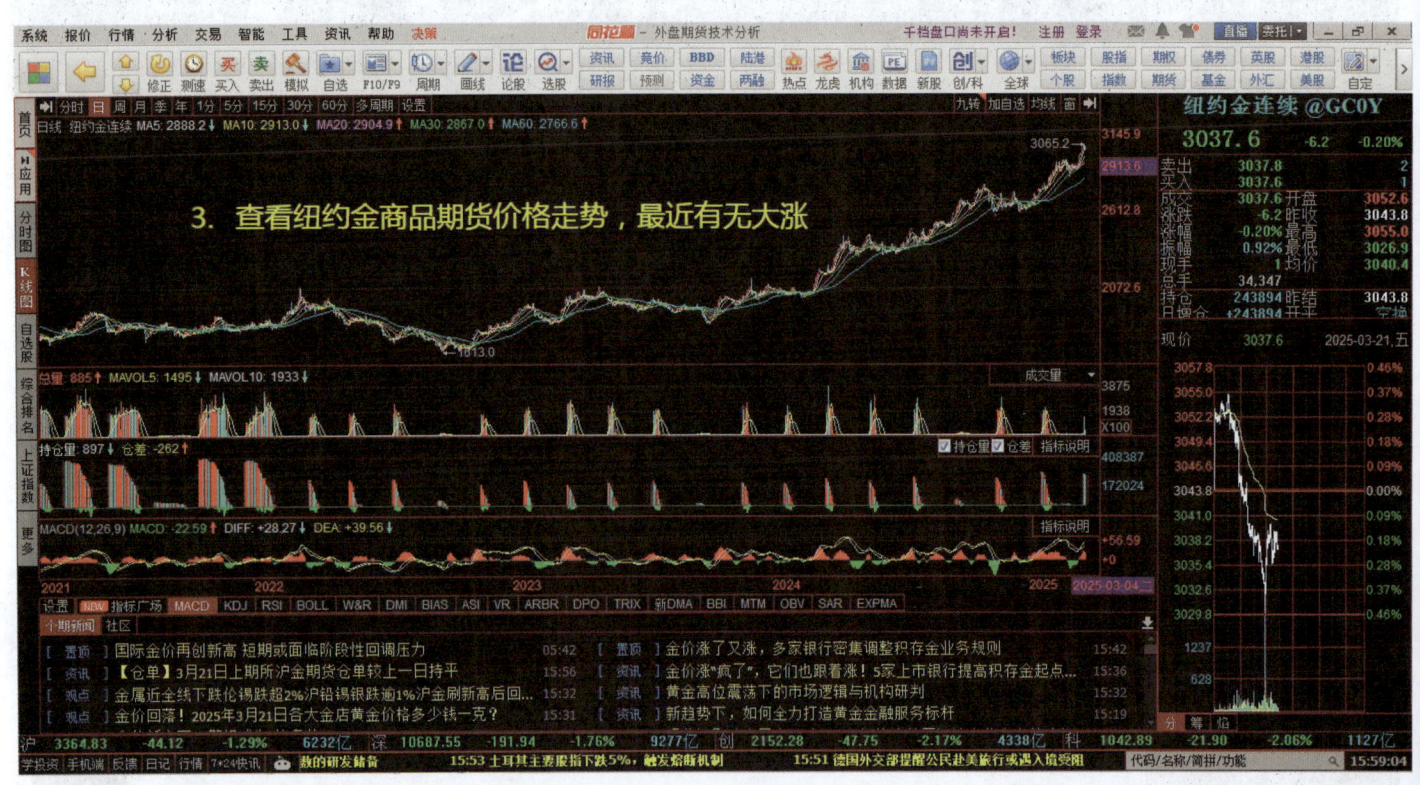

第三步：卖出商品ETF。

工具：同花顺电脑版软件、证券账户。

全球大事件影响减弱或出现新的变化，导致商品期货价格连续下跌。

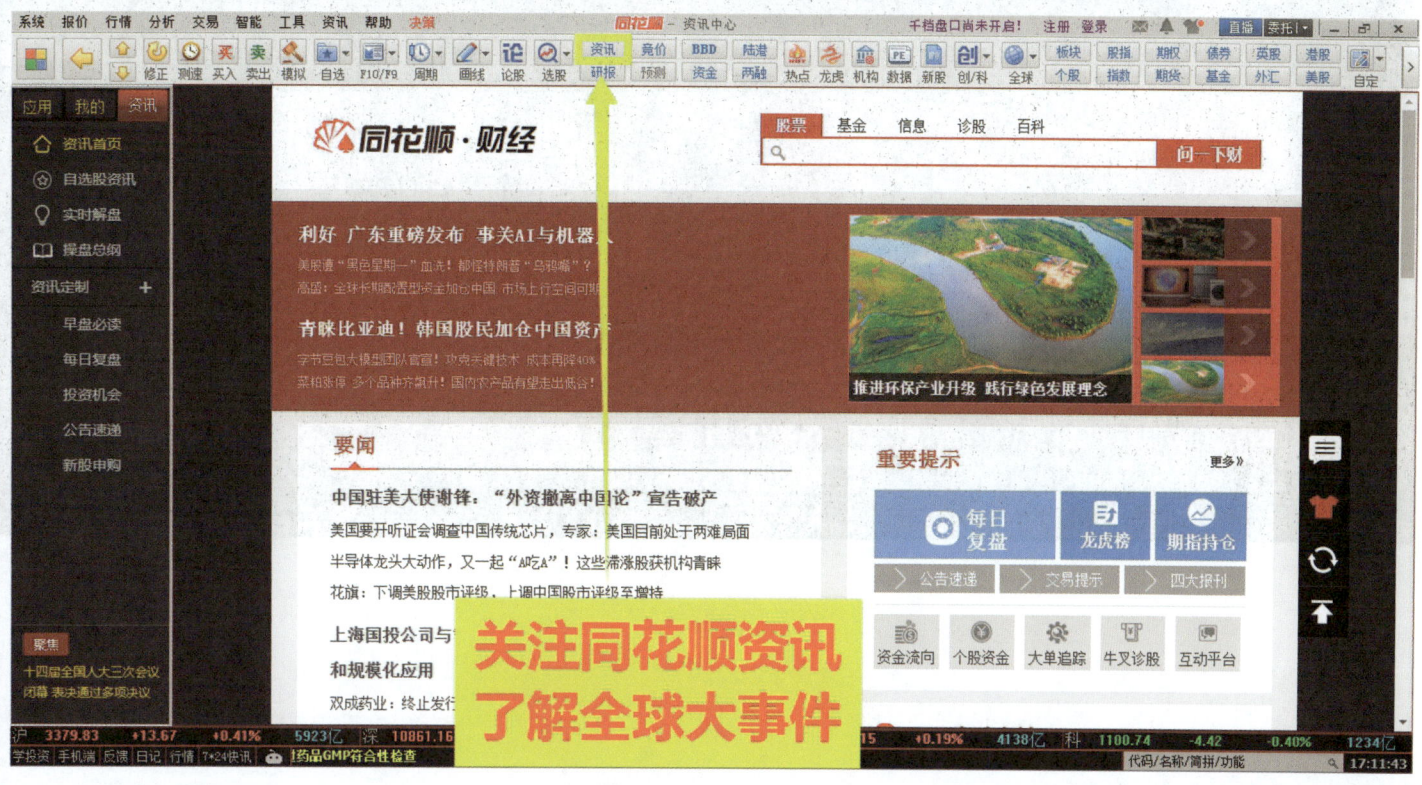

聚富五步：ETF流水线掘金术

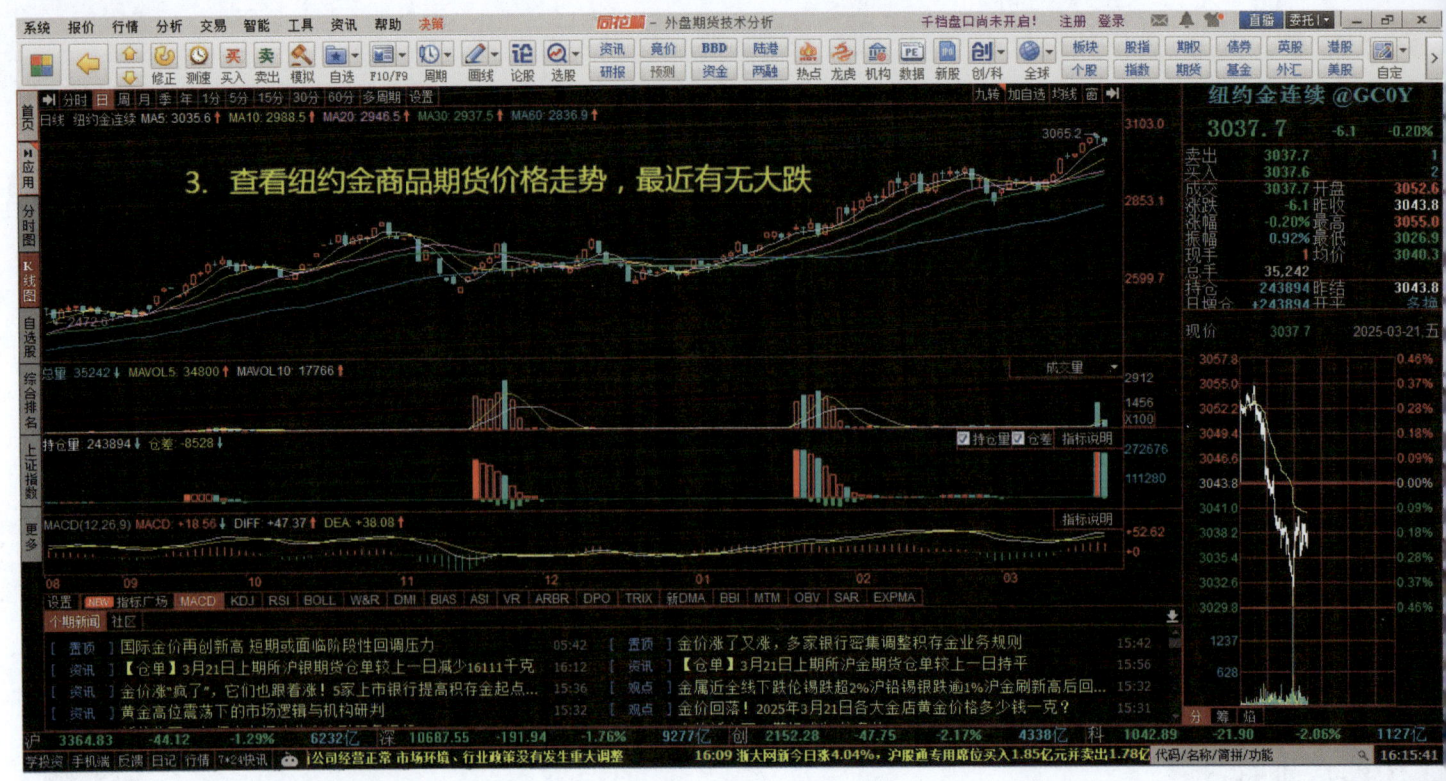

PART 04 ETF之网格套利

一、认识网格套利

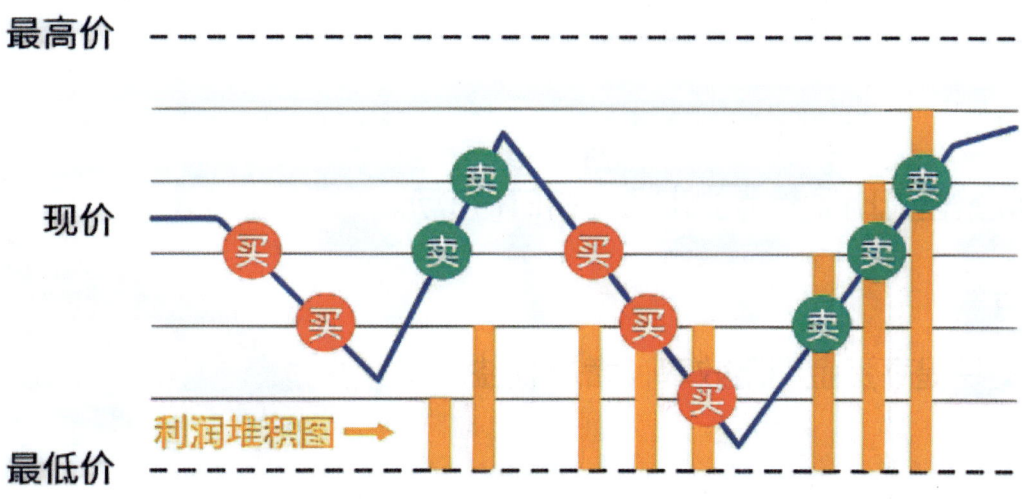

网格套利是围绕基准价构建的交易策略，遵循"价格下跌时买入、上涨时卖出"的规则。其核心在于将价格区间划分为若干等距的"网格"，每个网格代表一个交易触发的价格点。通过自动化执行，网格套利能够在价格波动中反复执行低买高卖的操作，从而积累利润。

二、网格套利的特点

1. 自动化

减少人为干预和情绪影响，提高交易效率。

2. 适应性强

适用于波动性较大的震荡市场，如ETF市场。

3. 持续收益

通过反复交易，在小幅波动中积累可观利润。

4. 降低成本

通过低买高卖，逐步摊薄持仓成本。

三、网格套利的适用场景

1. 震荡市场

价格波动频繁但无明显趋势的市场，如ETF市场。

2. 长期持有

通过网格交易提高资金利用效率，增加收益。

四、网格套利的核心要素

1. 套利标的

选择适合网格交易的投资标的，如ETF基金。

2. 基准价

基准价是网格交易策略首次运行的参照价格，用于划分买入、卖出的价格网格层级，是网格的中心点。

3. 价格区间

设定价格波动的上下限，形成交易区间。

4. 网格密度

确定每个网格的价格差，影响交易频率和潜在利润。

5. 单格仓位

每次交易买入或卖出的固定数量。

五、网格套利的执行方式

1. 买入

当价格下跌至下方网格时，自动买入一定数量的标的。

2. 卖出

当价格上涨至上方网格时，自动卖出相同数量的标的。

3. 暂停交易

当价格连续击穿3层网格时暂停交易，防止极端行情下的流动性枯竭。

4. 反复交易

在价格区间内，系统自动执行多次低买高卖操作，逐步摊薄成本并积累利润。

PART 05 ETF网格交易演示

一、网格套利之宽基ETF

（一）价格区间

以宽基ETF当前价格或近1年价格的中轴线为基准价，结合历史波动率（宽基ETF年化波动率15%～25%）设置上下边界。

沪深300ETF（低波动品种）：价格区间设定为基准价±15%。

中证500ETF（中高波动品种）：价格区间设定为基准价±20%。

（二）网格密度

1. 沪深300ETF（低波动品种）

百分比间距：采用等比间距，例如将3元至5元区间分为15格，每格间距约2.3%。

固定价格差：每0.1元设置一个交易档位，例如在3.5元至4.5元区间内设置10层网格，上下各5层，对应日均波动特点。

2. 中证500ETF（中高波动品种）

百分比间距：3%～5%间距，适用于普通震荡行情，例如设置每下跌4%触发加仓，覆盖中证500指数日均波动特征，网格层数通常为5～10层。

固定价格差：中证500ETF价格区间设为5元至7元，每层间距0.2元，设置10层网格。

（三）单格仓位

1. 总仓位限制

沪深300ETF与中证500ETF网格交易中，建议将总资金中用于网格策略的部分控制在30%～50%，剩余资金作为底仓或应对极端行情。例如，总资金为20万元时，可分配6万元至10万元专门用于网格交易。

2. 单格仓位占比

单格仓位通常占网格总资金的10%～20%。例如，若网格资金为5万元，单层投入5000元至1万元，若采用密集网格（如15层），单层仓位可降至5%～10%（即每层2500元至5000元）。

（四）套利方案

第一步：筛选宽基ETF。

1. 指数市盈率分位值小于30%

工具：ETF组合宝App。

优先布局估值处于历史低位的宽基ETF，降低下行风险。

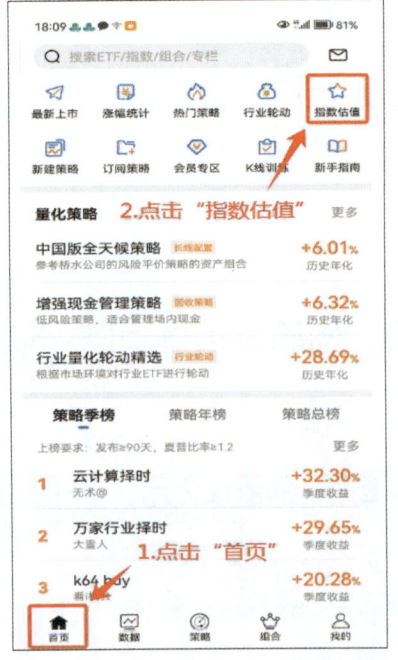

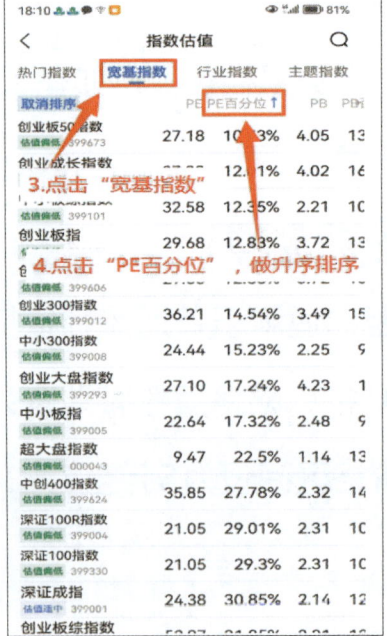

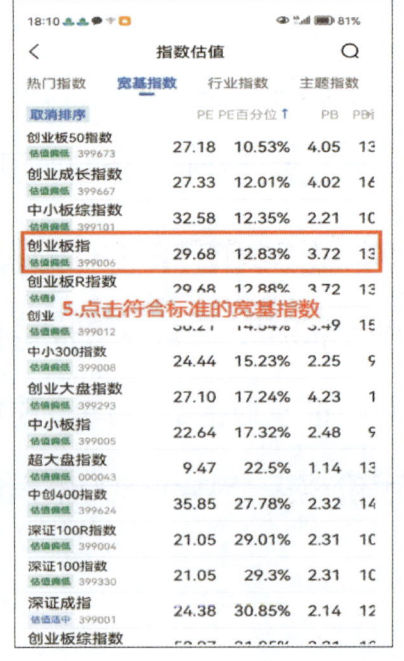

2. 日成交额大于1亿元

工具：ETF组合宝App。

优先选择日均成交额超1亿元的宽基ETF，确保买卖价差稳定在0.1%以内，避免流动性不足而冲击成本。

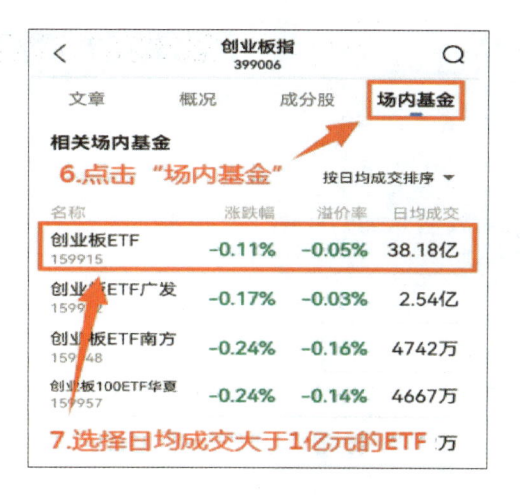

第二步：网格设置。

工具：华泰证券"涨乐财富通App"。

举例，基准价设为当前价，因创业板指数的波动率长期保持在29% ~ 32%区间，适用于中高波动品种，创业板ETF价格区间设定为基准价±20%，百分比间距设为4%，网格数量10层，上下各5层，网格总投资金额10万元，单格仓位10%，网格交易时间定为1年。

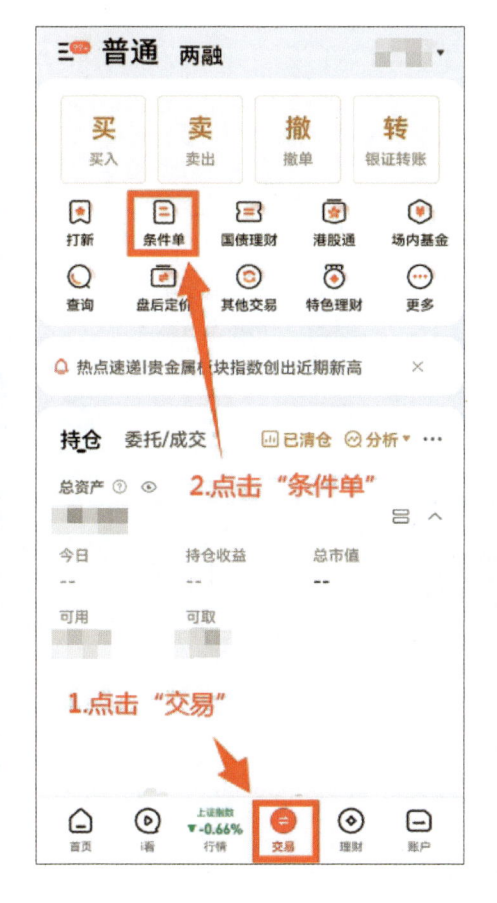

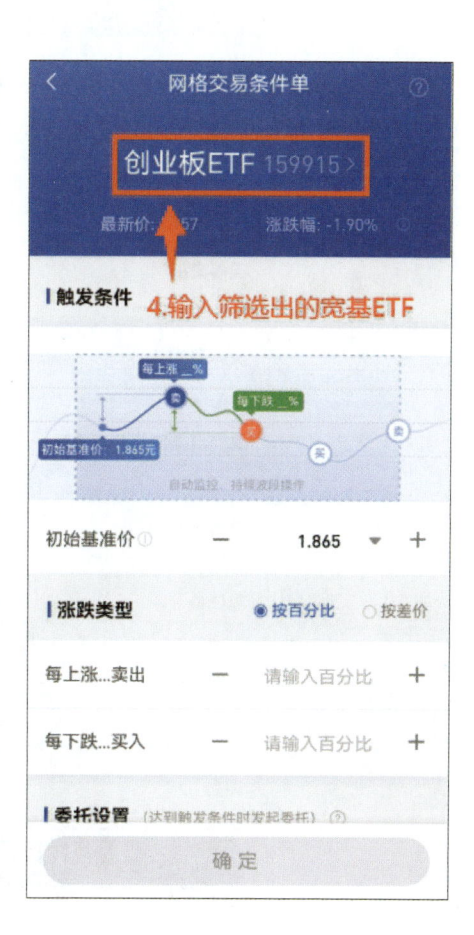

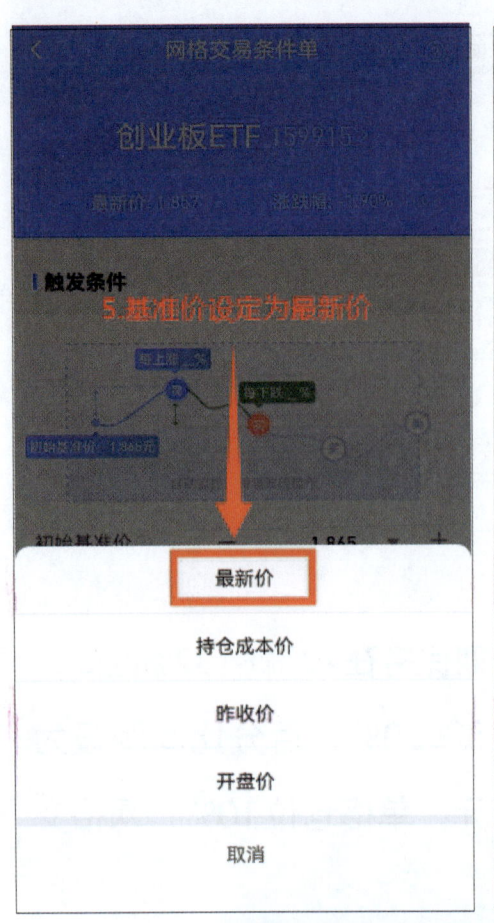

聚富五步：ETF流水线掘金术

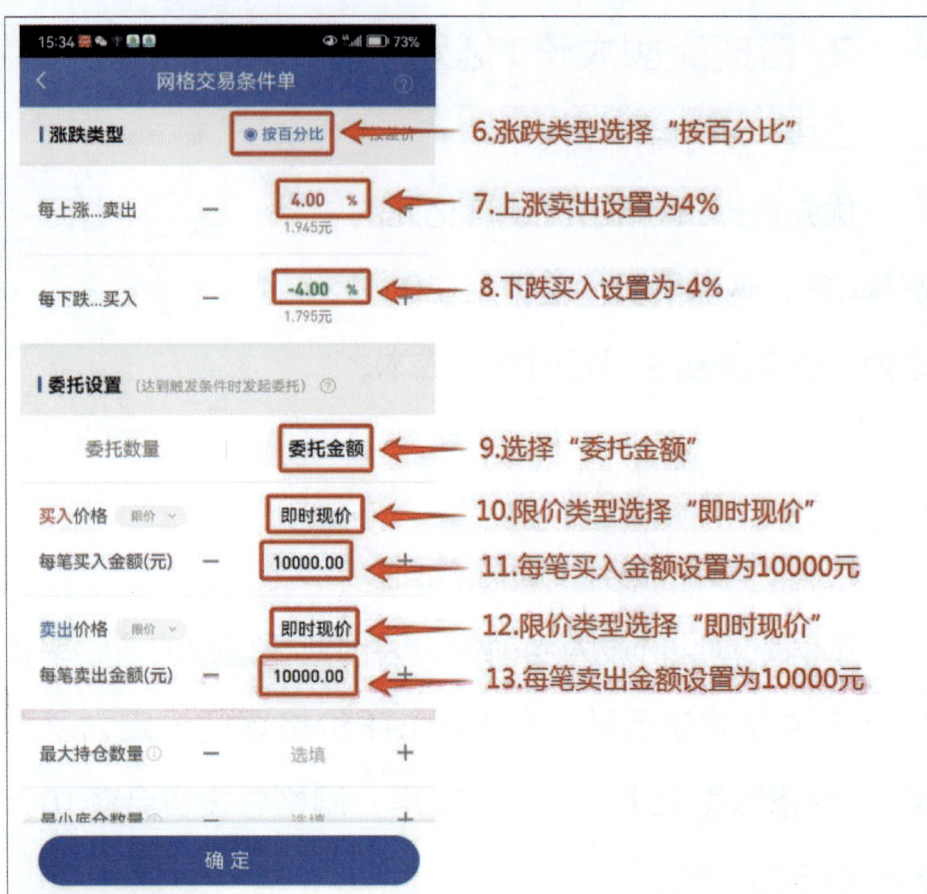

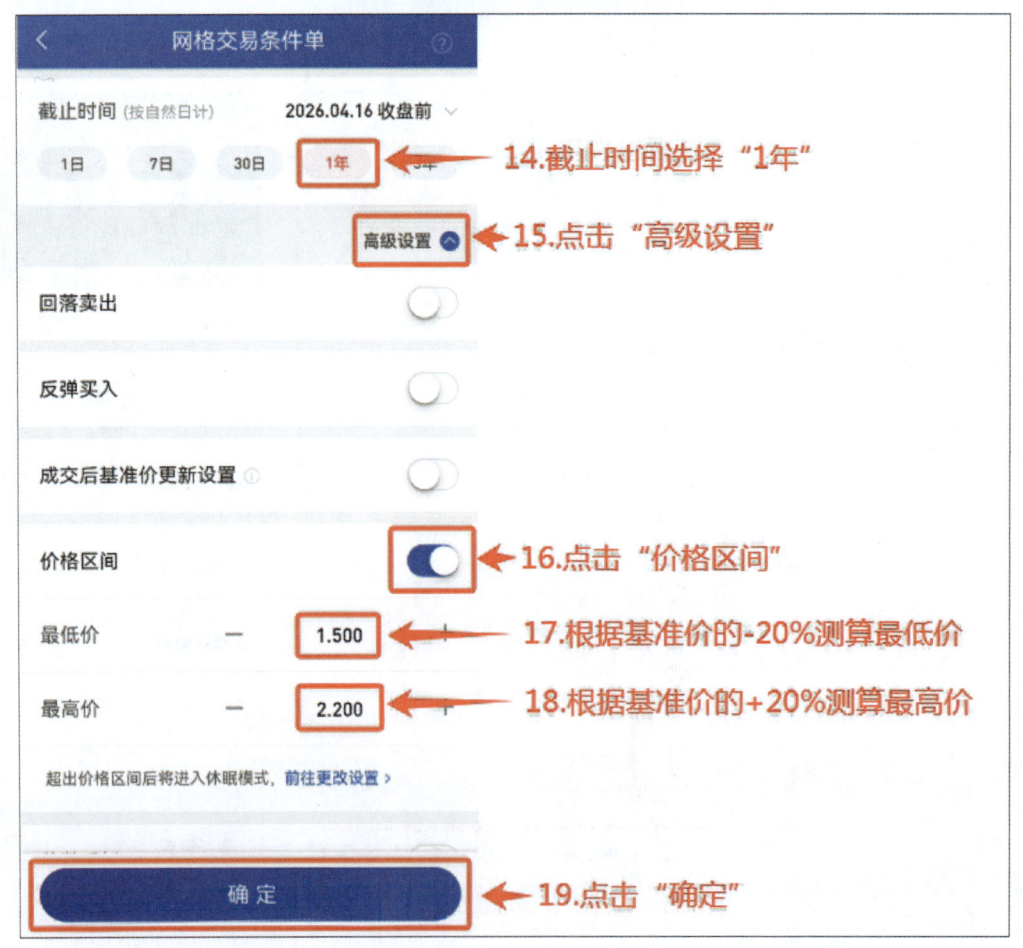

5. 基准价设定为最新价

6. 涨跌类型选择"按百分比"
7. 上涨卖出设置为4%
8. 下跌买入设置为-4%
9. 选择"委托金额"
10. 限价类型选择"即时现价"
11. 每笔买入金额设置为10000元
12. 限价类型选择"即时现价"
13. 每笔卖出金额设置为10000元

14. 截止时间选择"1年"
15. 点击"高级设置"
16. 点击"价格区间"
17. 根据基准价的-20%测算最低价
18. 根据基准价的+20%测算最高价
19. 点击"确定"

二、网格套利之行业ETF

（一）价格区间

　　以行业ETF当前价格或近1年价格中轴线为基准价，主流行业ETF建议价格区间控制在±15%～±30%，具体根据标的波动特性调整。

　　高波动行业（如新能源、半导体）：±20%～±30%，对应价格中枢上下各覆盖20%～30%波动空间。

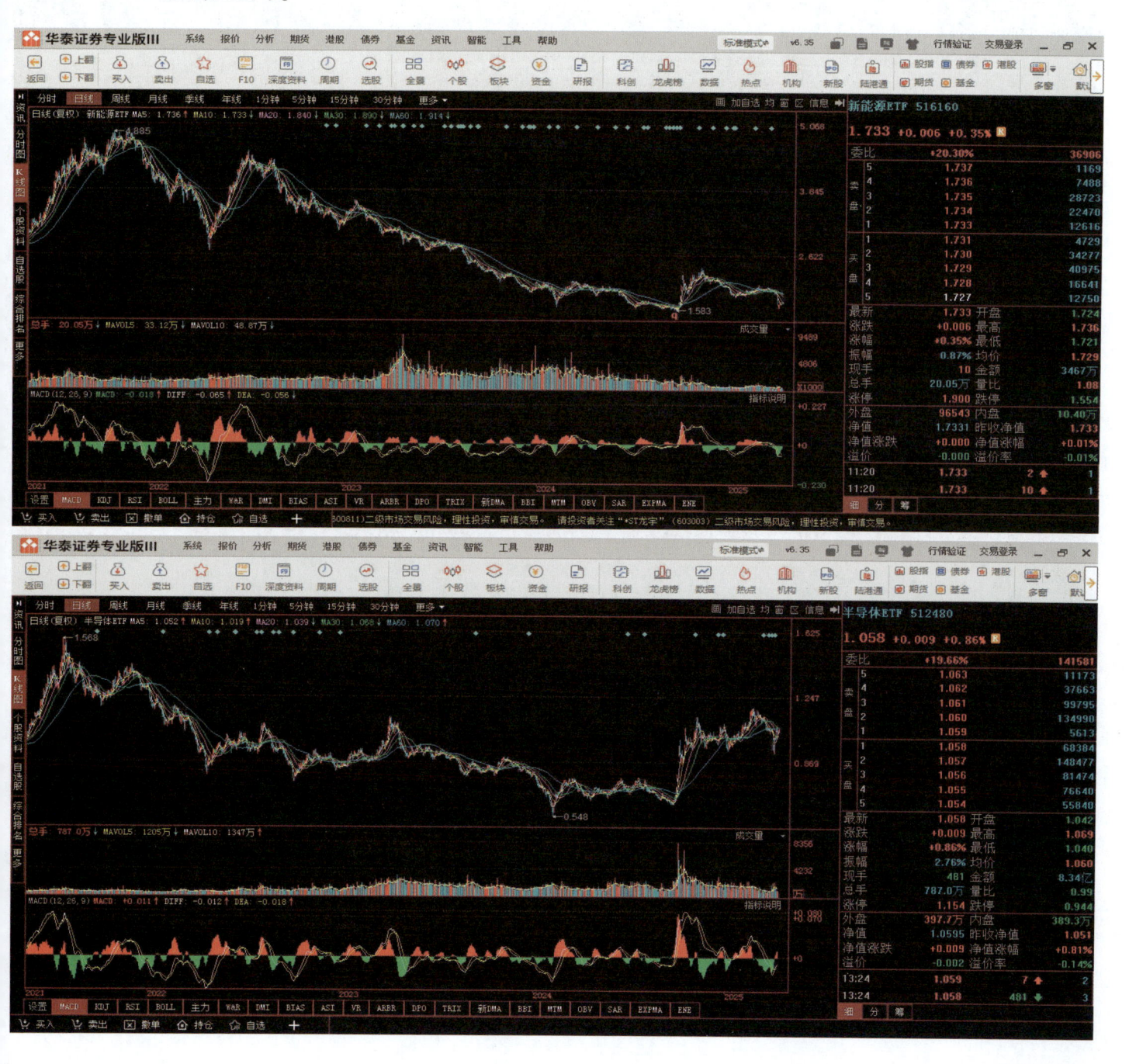

聚富五步：ETF流水线掘金术

中低波动行业（如消费、医药）：±12%～±20%，以匹配日均波动率特征。

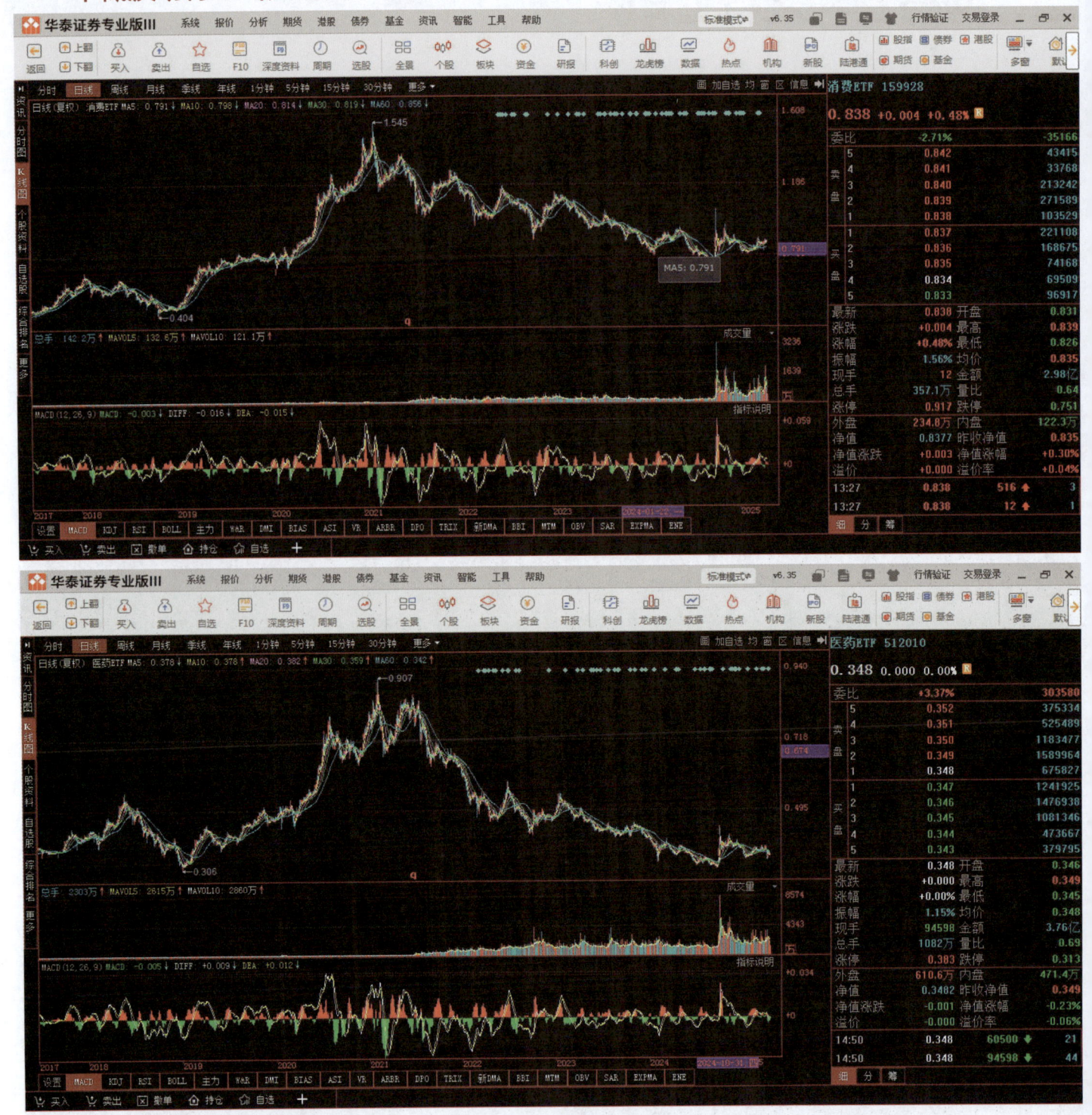

（二）网格密度

高波动行业ETF（如新能源、半导体）：网格间距3%～5%，网格层数5～10层，既能捕捉价格波动收益，又避免频繁交易损耗手续费。

中低波动行业ETF（如消费、医药）：网格间距缩窄至2%～3%，网格层数10～15层，提升资金周转效率。

（三）单格仓位

1. 总仓位限制

行业ETF网格交易中，建议将总资金中用于网格策略的部分控制在30%～50%，剩余资金作为底仓或应对极端行情。例如，总资金为20万元时，可分配6万至10万元专门用于网格交易。

2. 单格仓位占比

单格仓位通常占网格总资金的10%～20%。例如，若网格资金为5万元，单层投入5000元至1万元，若采用密集网格（如15层），单层仓位可降至5%～10%（即每层2500元至5000元）。

（四）套利方案

第一步：筛选行业ETF。

1. 指数市盈率分位值小于30%

工具：ETF组合宝App。

优先布局估值处于历史低位的行业ETF，降低下行风险。

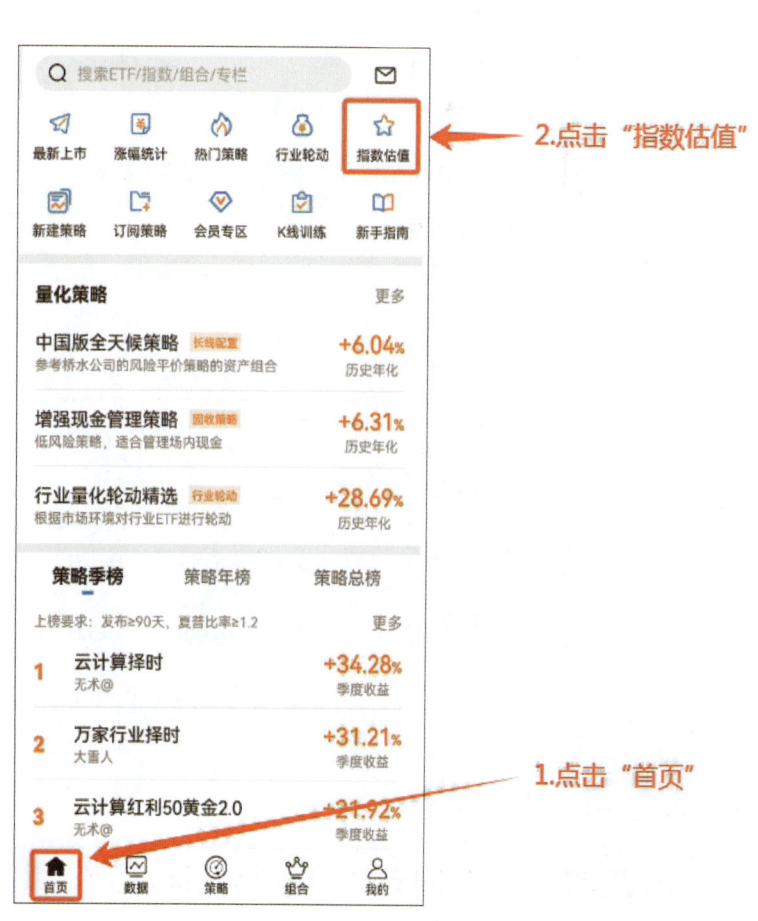

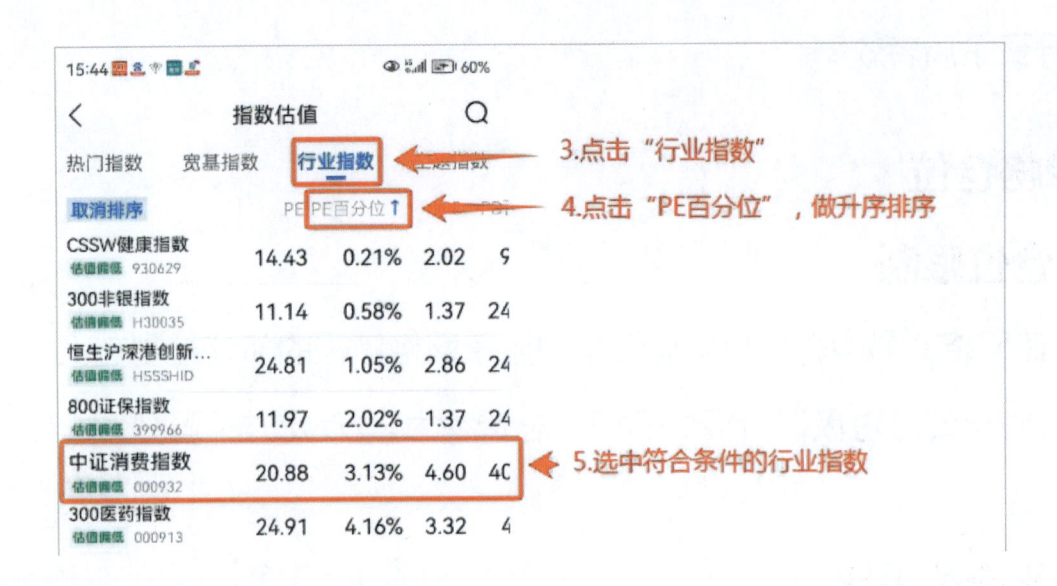

聚富五步：ETF流水线掘金术

[截图：指数估值页面，标注"3.点击'行业指数'"、"4.点击'PE百分位'，做升序排序"、"5.选中符合条件的行业指数"（中证消费指数 000932，20.88，3.13%，4.60）]

2. 日成交额大于5000万元

工具：ETF组合宝App。

优先选择日均成交额超5000万元的行业ETF，避免流动性枯竭导致策略失效。

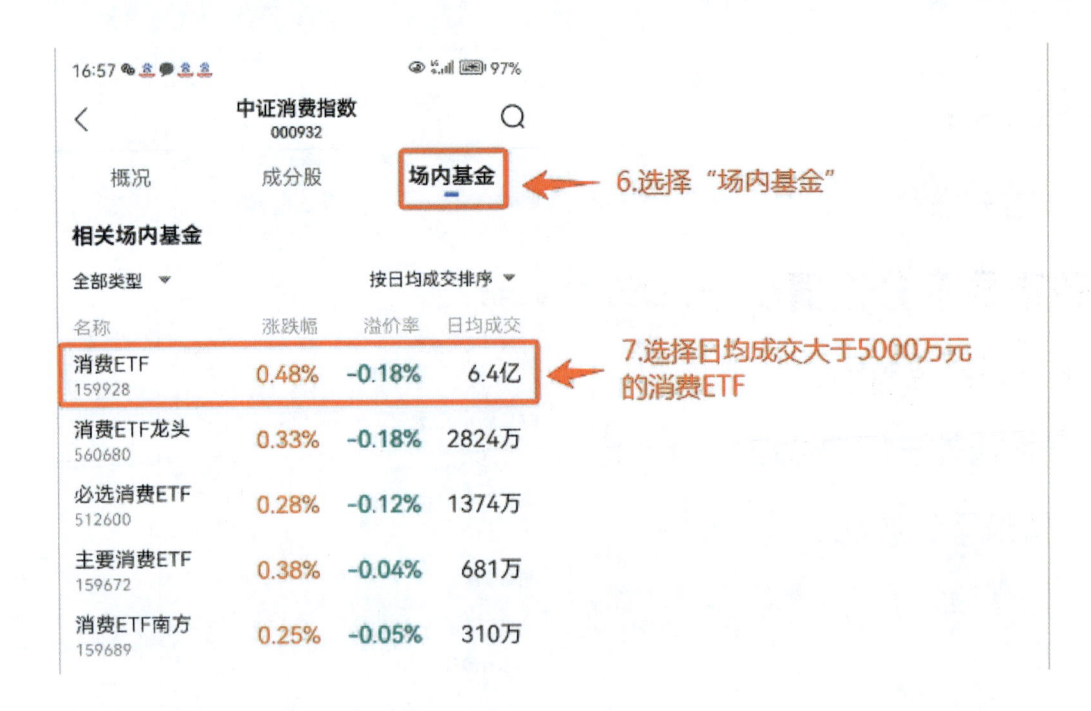

[截图：中证消费指数 000932 场内基金页面，标注"6.选择'场内基金'"、"7.选择日均成交大于5000万元的消费ETF"

名称	涨跌幅	溢价率	日均成交
消费ETF 159928	0.48%	-0.18%	6.4亿
消费ETF龙头 560680	0.33%	-0.18%	2824万
必选消费ETF 512600	0.28%	-0.12%	1374万
主要消费ETF 159672	0.38%	-0.04%	681万
消费ETF南方 159689	0.25%	-0.05%	310万
]

第二步：网格设置。

工具：华泰证券"涨乐财富通App"。

PRAT 05 ETF网格交易演示

举例，基准价设为当前价，因中证消费指数的波动率长期保持在15% ~ 20%区间，适用于中低波动行业，消费ETF价格区间设定为基准价±15%，百分比间距设为3%，网格数量10层，上下各5层，网格总投资金额10万元，单格仓位10%，网格交易时间定为1年。

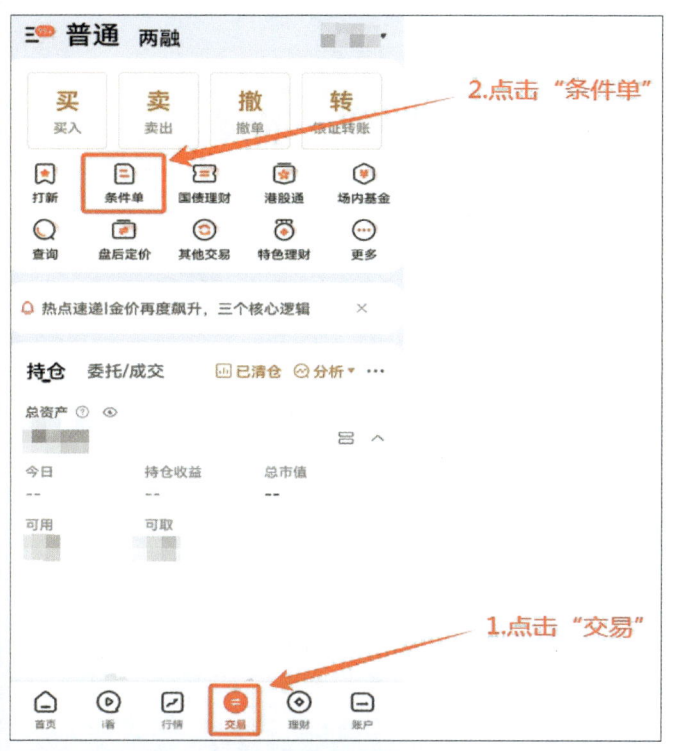

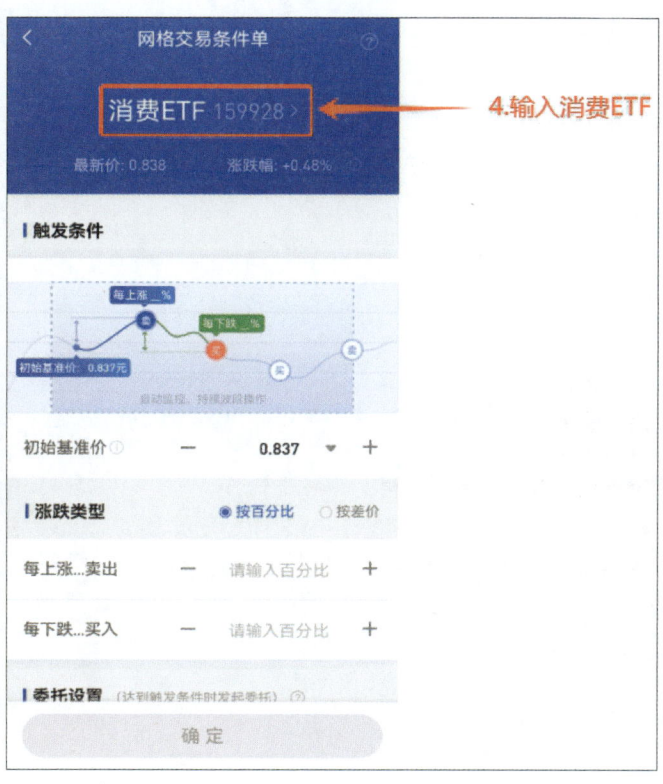

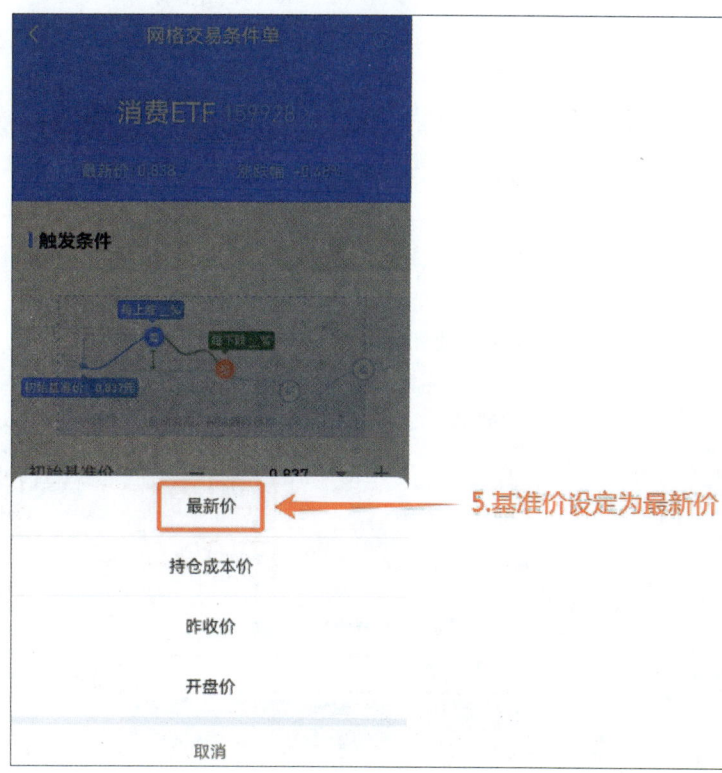

37 / PAGE

聚富五步：ETF流水线掘金术

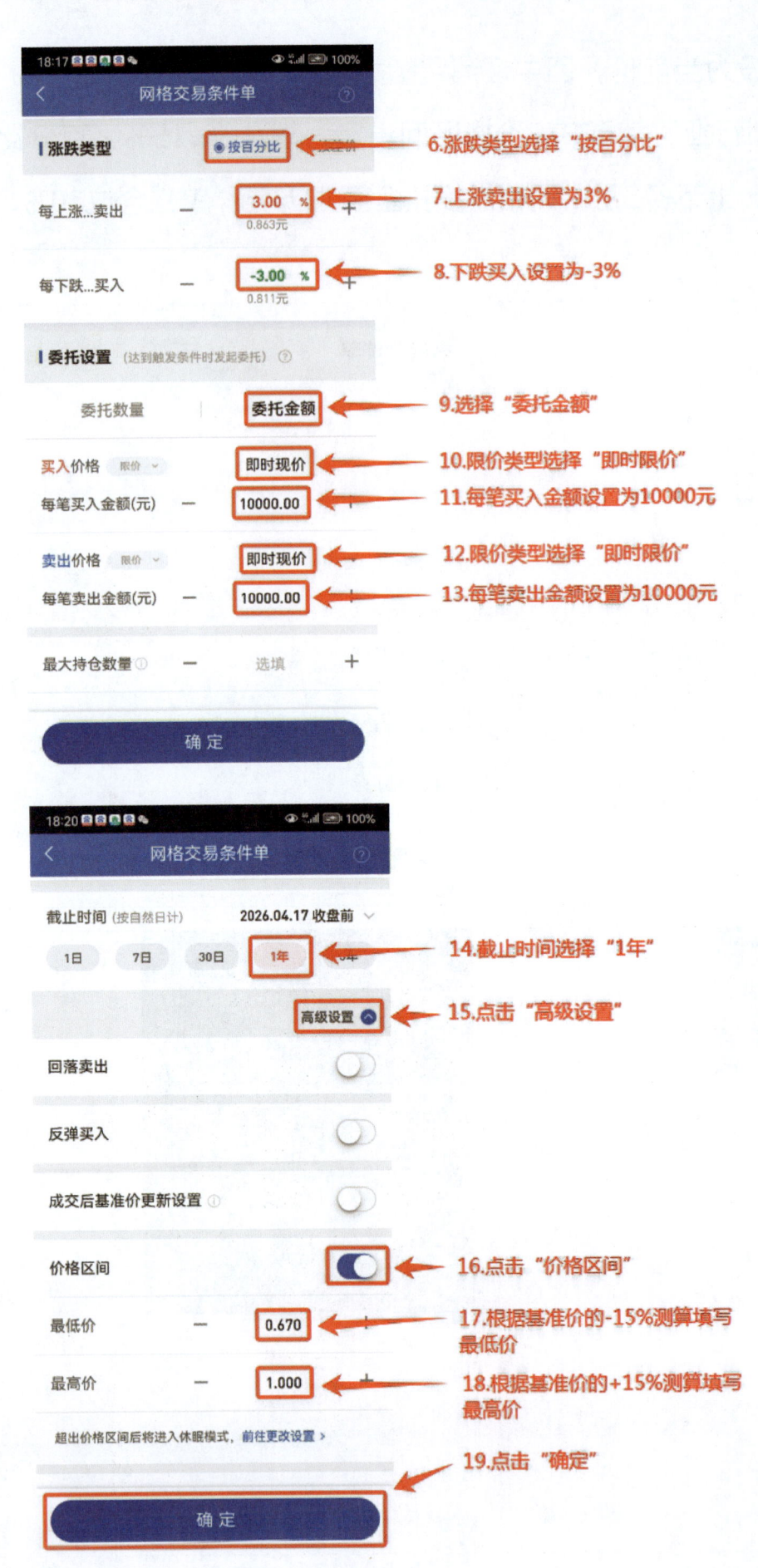

6. 涨跌类型选择"按百分比"
7. 上涨卖出设置为3%
8. 下跌买入设置为-3%
9. 选择"委托金额"
10. 限价类型选择"即时限价"
11. 每笔买入金额设置为10000元
12. 限价类型选择"即时限价"
13. 每笔卖出金额设置为10000元
14. 截止时间选择"1年"
15. 点击"高级设置"
16. 点击"价格区间"
17. 根据基准价的-15%测算填写最低价
18. 根据基准价的+15%测算填写最高价
19. 点击"确定"

三、网格套利之主题ETF

（一）价格区间

以主题ETF当前价格或近1年价格中轴线为基准价，主流主题ETF建议价格区间控制在±15%～±30%，具体根据标的波动特性调整。

高波动主题（如人工智能、智能驾驶）：价格区间建议覆盖±20%～±30%（如当前价10元，则区间为7元至13元），匹配跨行业主题的复合波动特征。

聚富五步：ETF流水线掘金术

中低波动主题（如数字经济、医疗创新）：区间缩窄至 ±15% ~ ±20%（如当前价10元，则区间为8.5元至12元），平衡交易频率与收益效率。

（二）网格密度

高波动主题（如人工智能、智能驾驶）：网格间距3%～5%，网格层数5～10层，匹配高弹性特征。

中低波动主题（如数字经济、医疗创新）：网格间距缩窄至2%～3%，网格层数10～15层，捕捉窄幅震荡利润。

（三）单格仓位

1. 总仓位限制

主题ETF网格交易中，建议将总资金中用于网格策略的部分控制在30%～50%，剩余资金作为底仓或应对极端行情。例如，总资金为20万元时，可分配6万至10万元专门用于网格交易。

2. 单格仓位占比

单格仓位通常占网格总资金的10%～20%。例如，若网格资金为5万元，单层投入5000元至1万元，若采用密集网格（如15层），单层仓位可降至5%～10%（即每层2500元至5000元）。

（四）套利方案

第一步：筛选行业ETF。

1. 指数市盈率分位值小于30%

工具：ETF组合宝App。

优先布局估值处于历史低位的主题ETF，降低下行风险。

聚富五步：ETF流水线掘金术

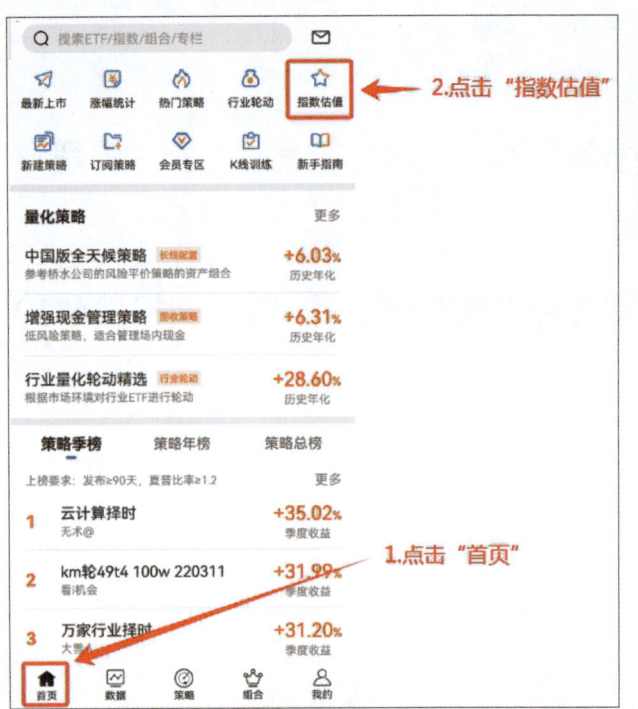

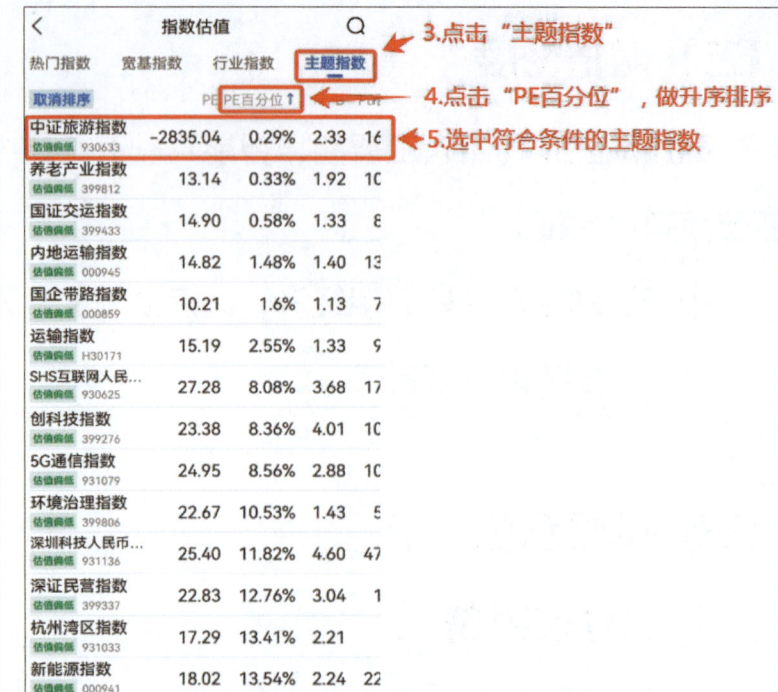

2. 日成交额大于5000万元

工具：ETF组合宝App。

优先选择日均成交额超5000万元的主题ETF，避免流动性枯竭导致策略失效。

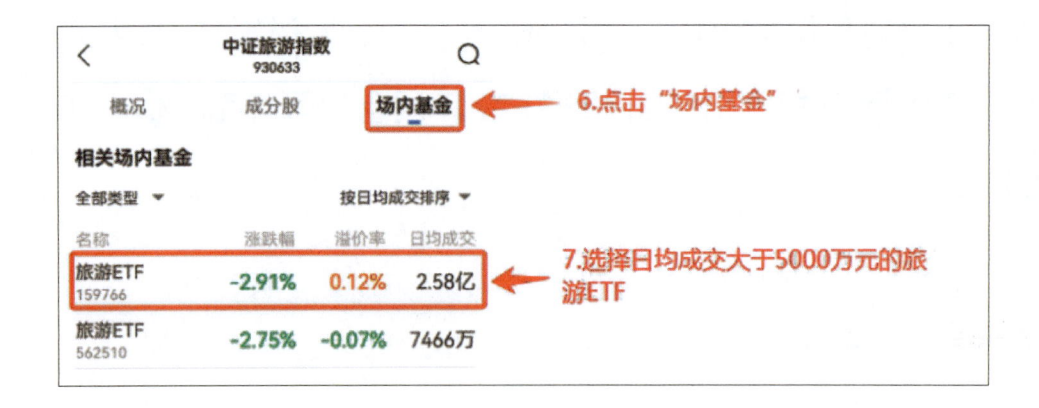

第二步：网格设置。

工具：华泰证券"涨乐财富通App"。

举例，基准价设为当前价，中证旅游主题指数的波动率在近一年内呈现15%～20%的区间波动，与消费类主题ETF的波动特征接近，适用于中低波动主题。旅游

PRAT 05 ETF网格交易演示

区间设定为基准价±15%，百分比间距设为3%，网格数量10层，上下各5层，网格总投资金额10万元，单格仓位10%，网格交易时间定为1年。

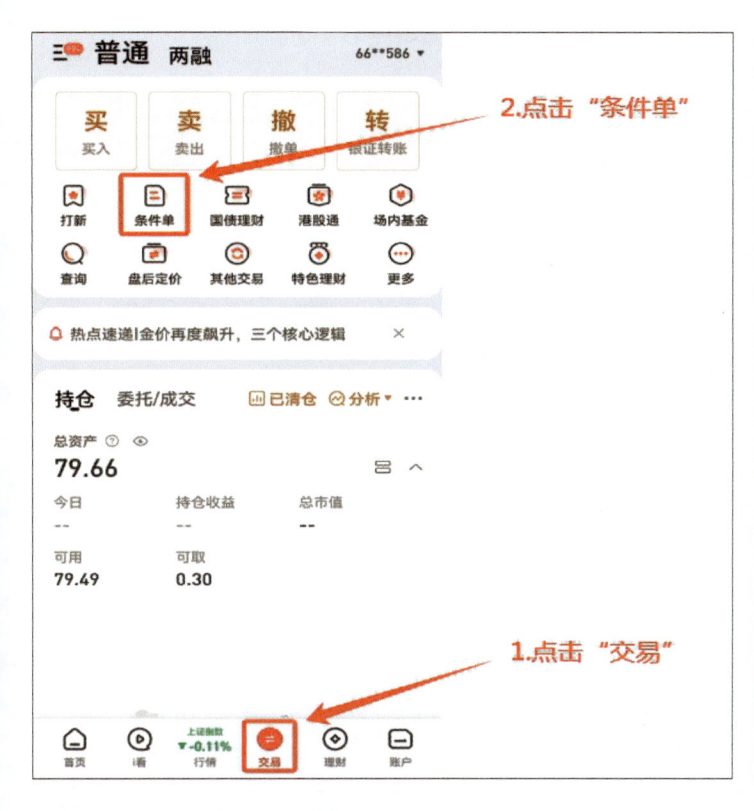

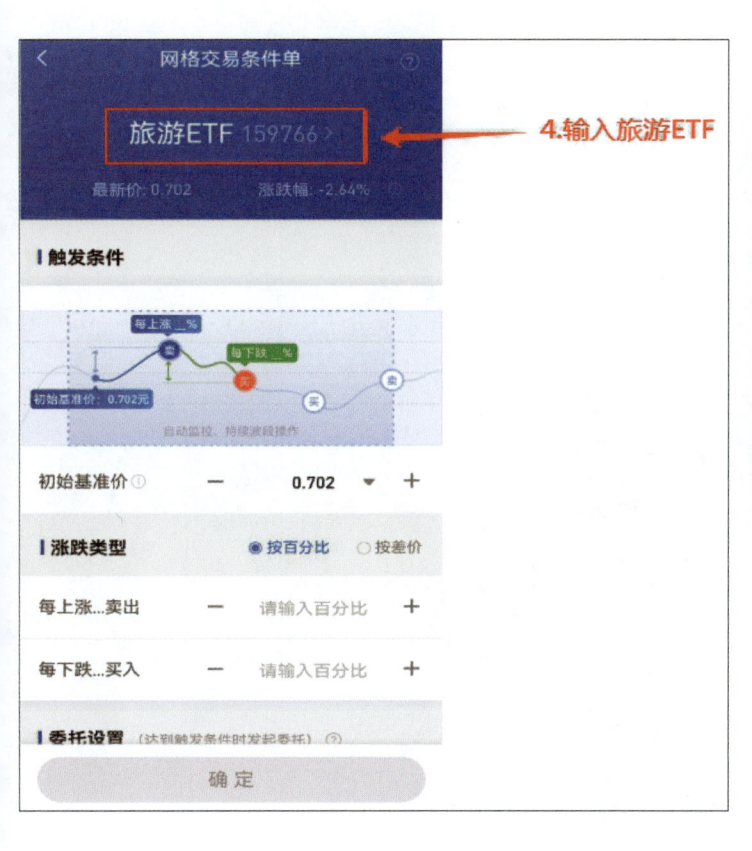

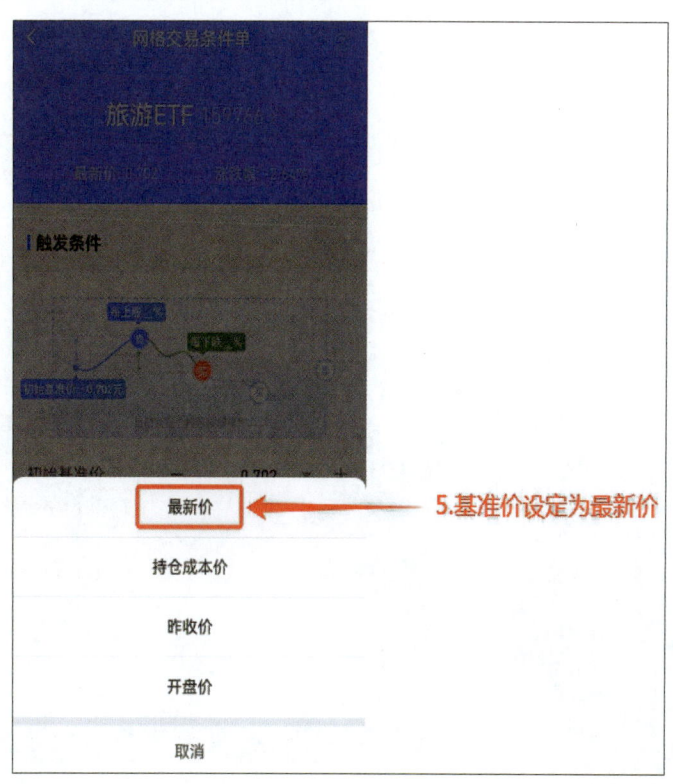

1. 点击"交易"
2. 点击"条件单"
3. 点击"网格交易"
4. 输入旅游ETF
5. 基准价设定为最新价

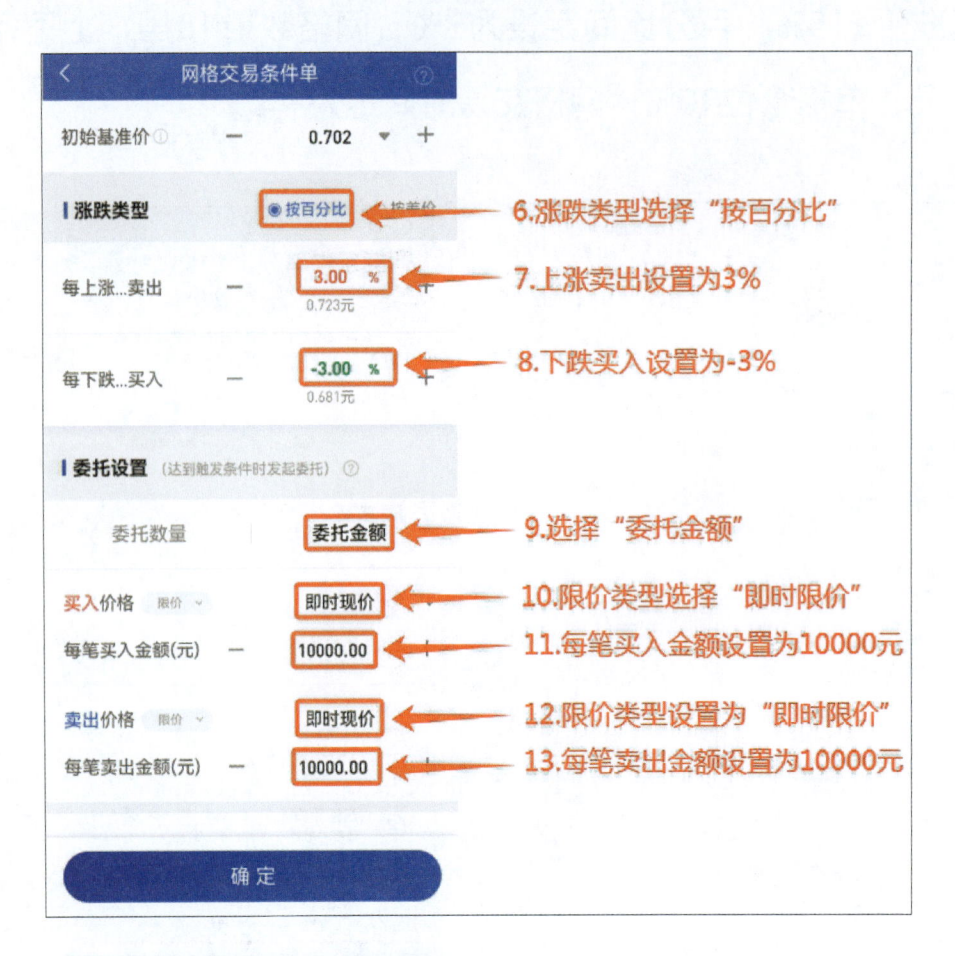

聚富五步：ETF流水线掘金术

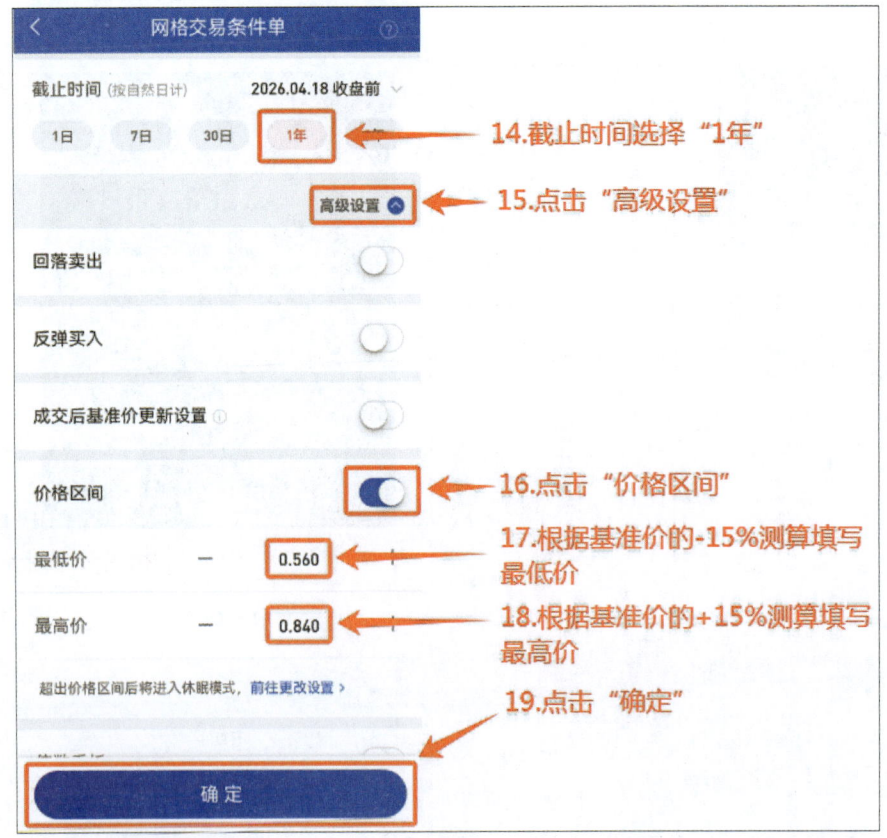

6.涨跌类型选择"按百分比"

7.上涨卖出设置为3%

8.下跌买入设置为-3%

9.选择"委托金额"

10.限价类型选择"即时限价"

11.每笔买入金额设置为10000元

12.限价类型设置为"即时限价"

13.每笔卖出金额设置为10000元

14.截止时间选择"1年"

15.点击"高级设置"

16.点击"价格区间"

17.根据基准价的-15%测算填写最低价

18.根据基准价的+15%测算填写最高价

19.点击"确定"

44 / PAGE

四、结语

　　网格交易是一种高效且规则化的交易策略，特别适合波动性较大的市场环境。通过自动化执行低买高卖循环操作，帮助投资者在价格波动中积累利润并降低成本。不过，网格交易对资金管理能力、市场趋势判断要求较高，且不适合单边行情。建议投资者在使用网格交易时，需结合自身风险承受能力与市场特征，合理设置参数，严格管理资金，以实现策略价值最大化。